적당히 살아가는 당신에게

적당히 살아가는 당신에게

진정한 건강과 부는 무엇일까?

HEALTH
&
WEALTH

엘버트 허버드 지음 · 송정은 옮김

나무생각

나는 승리가 아니라 진실이 될 것이다.
나는 성공이 아니라 내면의 빛을 따를 것이다.

— 에이브러햄 링컨

이 책에는 행복해지는 방법이 있다.

그러나 과도한 행복은 경계한다.

스스로를 지치게 하지 않으며, 이웃에게 고통을 주지 않고,

신에게 불명예스러운 존재가 되지 않기 위한

최상의 방법을 진지하게 모색한다.

차례

당신이 누구든
당신이 잘되길 바랍니다

당신은 나의 사람입니다. 당신은 나의 일부입니다.
우리는 모두 한곳에 속해 있고,
그곳에서 누구도 추방되지 않습니다.

○

　　　　　　　나의 심장은 오로지 당신을 향합니다. 오, 인간이여, 나는 당신보다 위대하고, 고귀하고, 씩씩하고, 사랑스럽고, 성실하며, 이타적이고, 인내하는 존재를 떠올릴 수 없습니다.

　내가 아는 사랑은 모두 인간의 사랑입니다. 내가 아는 용서는 모두 인간의 용서입니다. 내가 아는 연민은 모두 인간의 연민입니다. 나는 인간을 집중적으로 탐구할 것입니다.

　당신이 인간이라는 사실이 내게 친밀감을 줍니다. 이는 우리를 묶는 끈입니다. 당신은 나의 일부나 다름없기 때문에 나는 당신을 이해합니다. 내 도움을 필요로 한다면 언제든 기꺼이 당신 편에 있겠습니다.

　힘들 때 그저 내버려 두는 것이 그 사람을 돕는 것일 수 있습니다. 그러나 누군가의 손길이나 응원의 말이 필요할 때도 있습니다. 평범한 인간에 불과한 나는 외로울 때면 사람을 그리워합니다.

나는 당신의 조건을 보고 당신에 대해 판단하지 않을 것입니다. 또한 조건을 보고 당신을 편들거나 반대하지도 않을 것입니다. 또한 당신이 했거나 하지 않은 일로 당신을 평가하지 않을 것입니다.

당신이 현명하고 신중하게 살아온 것을 잘 알고 있습니다. 그러나 스스로를 똑똑하고 좋은 사람이라고 생각한다면 나는 당신을 딱하게 여길 것입니다. 당신이 비틀거리다가 넘어지고 진창에 빠져 자신을 돌볼 수 없다면 내가 당신의 친구가 되어 드리겠습니다. 당신이 죄를 지었거나, 신경쇠약이 있거나, 출세를 못 했거나, 고학력자가 아니더라도 나는 당신의 친구가 될 것입니다.

나는 당신을 내 인생에서 추방할 수 없습니다. 부득이하게 당신을 내쫓아야 한다면, 차라리 내가 내 앞의 문을 닫고 그 안에 갇히겠습니다. 진심입니다.

우리는 같은 종족이고 신성한 기원을 향해 함께 나아가고 있습니다.

당신이 내게 충실하다고 상을 주지 않을 것이고, 무관심하다고 고통과 벌과 불행으로 당신을 위협하지 않을 것입니다.

당신의 칭찬이나 감언은 나의 마음을 사로잡지 않습니다. 그러나 당신이 나를 부정하거나 욕한다 해도 당신을 향한 나의 심장은 닫히지 않습니다.

당신이 보낸 사랑은 반드시 전달됩니다. 당신이 보내는 모든 친절은 당신과 가장 가까운 이들에게도 전해져야 합니다. 사람들은 당신의 친절을 접하는 만큼 당신을 신뢰하게 될 것입니다.

그런 당신에 대한 나의 우정은 영원합니다. 나의 우정이 당신에게 짐이 되는 일은 결코 없을 것입니다.

나는 당신에게 복종이나 약속을 강요하지 않습니다. 당신이 지불해야 할 것은 없습니다. 나는 당신에게 이것은 하고 저것은 하지 말라고 요구하지 않습니다. 나는 명령을 내리지 않습니다.

나는 당신의 짐을 가볍게 할 수 없습니다. 할 수 있다 해도 그렇게 해서는 안 될 것입니다. 인간은 자신의 짐을 견디면서 강해지기 때문입니다. 할 수 있다면 나는 모든 어려움과 일상의 의무에 직면하는 힘을 키우는 방법을 당신에게 보여 주겠습니다.

제아무리 한 사람을 성심성의껏 보살필 수 있다 해도 그 사람의 인생을 장악해서는 안 됩니다. 당신이 잘못을 범했다고 내가 당신을 벌할 수는 없습니다.

당신은 옳은 일을 하면 좋은 일이 생기고 옳지 않은 일을 하면 나쁜 일이 생긴다는 것을 저절로 알게 될 것입니다. 이런 당연한 진리를 알고 옳은 일을 행할 때 모든 좋은 일들이 당신을 찾아갈 것입니다. 내가 이 진리를 바꿀 수는 없습니다. 당신이 저지른 크고 작은 실수를 면제해 줄 권한도 나에게는 없습니다.

당신도 나를 위해 만고불변의 진리를 바꿀 수 없습니다. 설사 당신이 나를 위해 목숨을 버린다 해도 말입니다.

그러나 나는 당신에게 사랑과 진실, 유익함으로 향하는 길을 알려 줄 수 있습니다. 그것이 내가 바라는 일입니다. 나는 당신의 친구이기 때문입니다. 그렇게 당신에게 길을 보여 주면서 나 또한 나의 길을 찾습니다.

당신은 나의 사람입니다. 당신은 나의 일부입니다. 우리는 모두 한곳에 속해 있고, 그곳에서 누구도 추방되지 않습니다. 아니, 추방될 수 없습니다. 평원과 초원, 산과 바다, 도시와 마을을 지나는 동안 성이나 방공호, 오두막, 헛간, 침대차, 객차, 택시, 교도소의 독방에서, 또는 별밤을 서성일 때에도 나의 심장은 당신을 향합니다.

당신이 누구이든 당신이 잘되기를 바랍니다. 내가 드릴 수 있는 것은 사랑뿐입니다.

당신에게 축복과 은혜가 내리길.

선한 의지

나는 선한 의지가
빛나기를 갈망합니다

나는 명령이나 지휘가 아닌 하나의 모범으로서
사람들에게 영감을 줄 것입니다.

○

나는 지식인이나 부자, 유명인, 권력자가 되기를 기도하지 않습니다.

나는 다만 빛나기를 기도합니다. 건강과 명랑함과 고요한 용기와 선한 의지가 빛나기를 갈망합니다.

나는 증오나 변덕, 질투, 시기, 두려움 없이 살기를 바랍니다. 마음이 단순하고, 솔직하고, 담백하고, 자연스러우며, 순수하고, 건강하고, 진실하기를 바랍니다. 그렇게 된다면 절대적 평등 상태에서 모든 이를 만나게 될 것입니다.

나는 그 어떤 장애와 고통이라 할지라도 두려움 없이 초연하게 마주할 수 있기를 바랍니다.

나는 인생을 충만하게 살기를 바랍니다.

마지막으로 나는 내 자신이 사람들에게 간섭하거나 명

령하지 않기를 기도합니다. 나는 명령이나 지휘가 아닌 하나의 모범으로서 사람들에게 영감을 줄 것입니다.

　나는 빛나고 싶습니다. 인생을 빛내고 싶습니다.

과식하는 사람이 없으면
배고픈 사람도 없습니다

모두가 적절하게 일하면 과로하는 사람이 없을 것입니다.
낭비하지 않으면 모두가 충분히 소유하게 될 것입니다.

○

　　　　　　나는 애써 설명하지 않아도 다음의 진
실들이 자명하다는 것을 알고 있습니다.

　인간은 행복해지기 위해 태어났습니다. 행복은 유익한
노력을 통해서 얻을 수 있습니다.
　유익한 노력이란 자신의 모든 재능을 적절히 활용하는
것을 의미합니다. 우리는 이런 노력을 통해서 성장할 수 있
습니다.
　배움은 평생 지속되어야 합니다.
　우리는 정신적 성숙이 주는 기쁨, 오랜 친구가 주는 위
안을 누려야 합니다.
　일, 공부, 놀이 또한 시간을 적절하게 나누어서 균형감

있게 실행할 때 뇌의 젊음을 유지할 수 있습니다.

부자는 같은 인간을 소외시키는 부당한 노동을 통해 이익을 창출해서는 안 됩니다.

모두가 적절하게 일하면 과로하는 사람이 없을 것입니다.

낭비하지 않으면 모두가 충분히 소유하게 될 것입니다.

과식하는 사람이 없으면 배고픈 사람도 없을 것입니다.

계급이 존재한다는 것은 우리 문명의 수치입니다. 계급은 협동이 아닌 붕괴를 지향합니다.

타인의 노동에만 기대어 사는 사람은 타인의 권리를 고려할 줄 모르기 때문에 시간과 물질을 낭비하다 못해 영원히 상실하게 됩니다. 그들은 인생을 소비하는 사람입니다.

계급을 폐지하는 최선의 방법은 그 계급에 동참하는 것입니다.

이러한 유익한 일에는 귀천이 존재하지 않습니다.

유익하고 필수적인 의무와 기도는 모두 신성합니다. 그 외의 것은 신성하지 않고, 신성할 수도 없습니다.

건강은 자동으로 움직이고
알아서 기름칠을 합니다

건강은 단순한 원칙만 지키면 됩니다.
그것은 자동으로 움직이고 알아서 기름칠을 합니다.
건강은 습관입니다.

○

　　　　　건강하면 행복해집니다. 건강하고 행
복하면 부富도 따라옵니다. 그 모두를 군이 원하지 않는다
해도 마찬가지입니다.

　건강은 세상에서 가장 자연스러운 것입니다. 우리가 자
연의 일부이고, 우리가 곧 자연이기 때문에 건강한 것은 당
연한 것입니다. 자연은 자신의 일에 우리를 필요로 하기 때
문에 우리를 잘 보존하려고 애씁니다.

　자연이 인간을 필요로 하듯이 인간도 타인에게 유용한
존재가 될 수 있습니다. 인간은 봉사를 통해 인생의 보상을
받습니다. 봉사하며 자신을 잊을 때 몸과 마음을 건강하게
유지할 수 있습니다. 반대로 자신만 중시하고 사회와의 관
계를 무시할 때는 고통이 찾아옵니다.

불행은 자극이 강합니다. 그것은 제일 먼저 심장 박동과 순환 기능에 영향을 미치고, 다음으로 소화 기관에 영향을 미칩니다.

약을 복용한다고 해서 고통의 원인을 제거할 수는 없습니다. 의사이자 작가인 위어 미첼Weir Mitchell 박사는 이렇게 말했습니다.

"약은 완화제일 뿐입니다. 병의 이면에 원인이 존재합니다. 약은 그곳까지 미치지 못합니다."

한 남자가 의사에게 말했습니다.

"감기에 걸려서 머리가 아파요."

그러자 현명한 의사가 대답했습니다.

"세균이 살 수 있는 곳이 머리밖에 없어서 그렇습니다."

질병을 무서워하고 두려워하는 사람은 이미 질병에 걸린 것입니다. 건강의 비결은 잊어버리는 데에 있습니다.

어떤 기수가 내게 이렇게 말했습니다.

"이 말馬은 겁만 주지 않으면 만사 오케이입니다."

그래서 나도 한마디했습니다.

"그건 나도 마찬가지입니다!"

한번은 연설을 하려는데 불안해지면서 아무것도 기억나지 않고 목소리가 떨린 적이 있습니다. 소중한 90분 동안 오로지 손발에 의식을 집중한 채 연설을 마쳤습니다. 엄격하게 내린 연설 점수는 B학점이었습니다.

그날은 연설자나 청중 모두에게 고역이었을 것입니다. 연설자는 청중에게 분위기를 전달하는 사람입니다. 연설자가 행복하면 청중 또한 행복합니다. 앞서 언급했듯이 자신을 완전히 잊을 때, 자신이 행복한지 행복하지 않은지조차도 신경 쓰지 않을 때 우리는 행복할 수 있습니다.

어느 정도 무심하게 연단에 선 날에는 청중이 나의 연설에 깊은 감명을 받곤 했습니다. 연설을 시작하자 생각이 적당한 속도로 전개되며 자연스럽게 다음 말이 떠올랐습니다. 공기는 논리로 채워졌고, 나는 원하는 것들을 골라내기만 하면 되었습니다.

건강도 마찬가지입니다. 건강은 단순한 원칙만 지키면 됩니다. 그것은 자동으로 움직이고 알아서 기름칠을 합니다. 건강은 습관입니다.

우리는 모두 습관의 지배를 받습니다.

건강 습관

공부 습관

노동 습관

이 세 가지 습관은 우리에게 귀중한 것들을 선사해 줍니다. 이 습관들이 없으면 인간의 상상력은 단 한 발자국도 나아가지 못할 것입니다.

당신이 이 습관들을 갖고 있는 사람이라면, 게다가 이런 습관을 지닌 이성의 사랑을 받고 있다면 이미 천국을 경험하고 있는 것입니다.

건강, 공부, 노동, 거기에 덧붙여 사랑은 무시무시한 운명의 화살과 폭풍우로부터 우리를 보호하고 위로합니다. 이것들을 잘 활용할 때 슬픔은 환희로, 고뇌는 평안으로, 고통은 기쁨으로 바뀝니다.

그래도 여전히 종교가 필요한지 묻는 사람들이 있습니다. 나는 건강, 공부, 노동, 사랑이 종교를 구성한다고 생각합니다. 이 네 가지 요소를 배제시킨 종교는 종교가 아니라 광신일 뿐입니다.

건강은 행복과 잠재력입니다.

공부는 지식과 균형, 진화하는 의식입니다.

노동은 자신의 안녕과 인류에 대한 봉사입니다.

사랑은 그 나머지 모든 것입니다!

단, 사랑은 반드시 상호적이어야 합니다. 일방통행이 되어서는 안 됩니다.

"나는 내가 사랑하고 있는 것을 사랑하는 당신을 사랑합니다."

한 여자를 개조시키려고 그 여자와 결혼한 남자는 한 남자를 개조하기 위해 그 남자와 결혼한 여자와 똑같은 오류를 범합니다.

정신의 끈으로 연결되지 않은 여자와 결혼을 하면, 당신은 옴짝달싹 못하는 칸막이 속에서 정신이 질식되는 고난을 겪을 것입니다.

이제부터 당신을 지배할 수 있는 습관들을 선택하십시오.

미래의 신념은 '나는 믿는다'가 아니라 '나는 안다'로 시작됩니다

미래의 신념은 사람들에게 강요되지 않을 것입니다.
조직적으로 조작되지 않고, 정부와 결합하는 일도 없습니다.

○

법정에서 '나는 믿는다'라는 진술은 효력을 갖지 못합니다. 판사나 검사는 증인에게 "믿는 것이 아니라 아는 것을 말하라."고 말합니다.

그러나 신학에서는 믿음을 우리의 감각이 말해 주는 것보다 더 중요한 것으로 간주해 왔습니다. 거의 예외 없이 '믿음'은 유산으로 물려받은 것입니다. 다시 말해 빌려온 것, 메아리, 때로는 메아리의 메아리입니다.

미래의 신념은 '나는 믿는다'가 아니라 '나는 안다'로 시작될 것입니다. 미래의 신념은 사람들에게 강요되지 않을 것입니다. 그것을 받아들이면 영생이 보장된다는 감언이설도, 받아들이지 않으면 지옥에 간다는 협박도 없을 것입니다. 그것은 조직적으로 조작되지 않고, 정부와 결합하는 일도 없습니다. 그것은 합리적이고 자기 보존 능력을 갖고 있기 때문에 바른 정신을 가진 사람이라면 절대 거부하지 않을 것입니다. 우리가 정말로 '나는 안다'는 신념을 갖고 살면 그 자체를 언급하는 일도 없을 것입니다.

나는 일종의 제안이자 첫 번째 밑그림으로서의 미래의 신념, 즉 '나는 안다'를 제시합니다.

나는 어느 것도 영원하지 않은, 모든 것이 변화하는 세상에 살고 있음을 압니다. 그러므로 나도 조금씩 변할 수 있고, 나의 변화가 많은 이들에게 영향을 미칠 수 있습니다.

나 또한 타인에게서 영향을 받는다는 사실을 압니다. 나는 세상을 떠난 사람들의 작품이나 모범적인 삶에 영향을 받고 있습니다.

내가 지금 하고 있는 일이 후세에 영향을 미치고 그들을 변화시키리라는 것도 압니다. 나는 나의 태도와 행동 습관이 타인의 삶에 평화와 행복, 참됨을 더할 것임을 압니다. 나의 생각과 행동이 타인에게 고통과 불화를 가져다줄 수 있다는 것도 압니다.

나의 행복을 지키기 위해서는 타인에게 호의를 베풀어야 합니다. 이 호의는 더 좋은 환경을 누리기 위해서 상호 간 오가야 합니다.

육체의 건강은 꾸준하고 효율적인 노동을 통해서만 가능합니다. 나는 습관의 지배를 받는다는 사실을 압니다. 그 습관은 실천을 통해 이뤄집니다. 실천을 통해 어느 정도 수준에 도달하면 실력이 나아져서 좀 더 수월해집니다.

나는 모든 삶이 영혼의 구현이라는 사실을 압니다. 나의 영혼은 나의 몸에 영향을 미칩니다. 나의 몸도 나의 영혼에 영향을 미칩니다.

나는 나의 몸과 영혼이 조화를 이룰 때 우주의 아름다움을 인식하고, 우주 만물과 사람들이 선하고 아름답게 존재하게 된다는 사실을 압니다.

불안에 사로잡히지 않은 나의 생각은 희망이 넘치고 유익하다는 것을 압니다. 삶의 불안을 줄이려면 유익한 일, 자기를 잊고 몰입할 수 있는 일에 헌신해야 합니다.

나는 야외에서 신선한 공기를 만끽하고 규칙적으로 적당하게 운동하는 것 또한 지혜의 일부임을 압니다.

또 행복은 선으로 향하는 위대한 힘이라는 것을 압니다. 행복은 중용과 균형 없이는 불가능합니다. 친절하게 행동하고 인내하면 모든 불화가 화합으로 바뀌는 때가 올 것입니다.

노동 뒤에 오는, 삶이 숨겨 놓은 보상은 게으름도, 휴식도, 면책권도 아닌, 더욱 향상된 능력과 더 큰 도전, 더 많은 일이라는 사실을 나는 압니다.

험담꾼의 말을 전하는 사람이
바로 당신의 적입니다

당신의 적은 우정이라는 신성한 이름 아래 당신에게
해로운 이야기를 전함으로써
당신의 대지에 독을 뿌리는 사람입니다.

○

당신의 이름을 가지고 동전 던지기 놀이를 하는 사람이 반드시 당신의 적은 아닙니다. 그 사람은 당신이 도와달라고 부탁하면 기꺼이 받아들이고, 당신을 도운 것을 명예롭게 여길지도 모릅니다. 당신의 부탁에 불친절하게 대꾸하더라도 그 사람의 말투가 원래 그런 것일 수도 있습니다.

그는 자신이 말하는 것을 듣기 위해 말을 합니다. 험담만큼 그를 기분 좋게 만드는 것은 없습니다. 다른 이들에게 허풍을 떠는 것은 자신의 허영심을 충족시키기 위해서입니다.

그는 그 자리에 있지 않은 사람들의 인생을 해부하고 그들의 진의를 과소평가합니다. 그러나 험담의 대상이 갑

자기 현장에 나타나면 그는 재빠르게 이야기 주제를 바꾸고 친절하게 대합니다.

험담이라는 병균은 공허에서 싹을 틔우고, 게으른 마음에서 꽃을 피웁니다.

험담꾼의 말을 듣지 않으면 상처받을 일은 생기지 않습니다. 험담꾼의 말을 무시하면 그의 말은 텅 빈 공기 속으로 사라져 버립니다. 험담꾼은 자신의 말로 다른 누구도 아닌 바로 자신에게 상처를 입힙니다.

문제는 당신에 대한 험담을 그대로 당신에게 전하는 사람입니다. 그는 분명 못된 짓을 저지르고 있습니다. 그것은 용서할 수 없고, 용납할 수 없는 짓입니다. 그가 당신의 마음에서 평화를 훔쳐 갔기 때문입니다. 어리석은 사람은 험담에 귀 기울이다가 그것을 현실로 만들어 버리는 실수를 범합니다. 다시 말하지만, 등 뒤에서 험담하는 사람은 당신의 적이 아닙니다. 험담꾼의 말을 전하는 사람이 바로 당신의 적입니다.

등 뒤에서 험담하는 사람은 용서할 수 있지만, 그 말을 전하는 사람은 반드시 접근을 금지시켜야 합니다. 그는 별것 아닌 것과 공허한 허세를 유해 가스로 변질시키는 사람입니다.

뒷말을 하는 사람은 어리석습니다. 그러나 그것을 반복하고 전달하는 사람은 악합니다.

친구는 당신에 대한 좋은 이야기를 전해 주는 사람입니다. 당신의 적은 우정이라는 신성한 이름 아래 당신에게 해로운 이야기를 전함으로써 당신의 대지에 독을 뿌리는 사람입니다.

그래서 나는 나쁜 소식을 전해 온 전령을 살해한 옛 왕들의 방식에 전적으로 동의합니다. 기쁜 소식을 가져온 자의 발에 축복이 내리길.

나는 그저 가만히 듣고 있을 뿐입니다

그는 경청하는 사람이었지만 그가 입을 열면
우리는 그의 이야기에 기분 좋게 빠져들었습니다.

○

　　　한 남자가 내 강연을 듣기 위해 에드먼턴에서 위니펙으로 찾아왔습니다. 에드먼턴은 위니펙에서 약 1,300킬로미터 떨어진 곳에 있습니다. 위니펙까지 오는 데 꼬박 1박 2일이 걸리고, 돌아가는 데도 같은 시간이 걸립니다.

　그는 아일랜드 사람이었고, 이름은 밴스였습니다. 그는 나를 가까이서 볼 수 있는 기회를 놓치고 싶지 않았다고 했습니다. 명랑한 코러스 차임벨Chime-bell 같은 소리로 그가 말했습니다.

　"확실히 아일랜드 사람들은 정이 많고, 엉뚱하고, 충동적이죠!"

　밴스는 강연회 티켓과 호텔을 구하기 위해 강연 하루

전에 위니펙에 도착했습니다. 그는 어렵지 않게 티켓을 구했고, 호텔에서의 숙박도 만족스러웠다고 합니다.

강연이 시작되기 한 시간 전에 밴스는 맨 앞에 자리를 잡았습니다. 강연을 하는 교회에는 1,200개의 의자가 놓여 있었지만 그중 800좌석만 찼습니다. 위니펙 주민들이 많이 참석하지 않았던 것입니다.

밴스는 빈 좌석들을 보고 놀라는 눈치였습니다. 그는 이것이 위니펙 사람들의 무지함을 방증하는 것이라 생각했습니다. 위니펙에는 진보적인 생각에 관심을 갖는 사람들이 거의 없었습니다. 한 사람의 미덕이 뛰어난 인기로 판명된다 하더라도, 이곳 주민들에게 인기를 구하는 것처럼 어리석은 짓은 없을 것입니다.

밴스는 이런 상황을 매우 안타깝게 바라보았습니다. 그는 나를 만나기 위해 약 1,300킬로미터를 왔고, 나도 언젠가 그를 만나러 1,300킬로미터를 갈 것입니다. 하지만 아무리 수많은 여행을 하더라도 그는 거울 속 자신보다 더 멋진 남자를 찾지 못할 것입니다.

밴스는 별나고 독특한 면이 있지만, 솔직하고 담백하고 명쾌한 사람이었습니다. 키 183센티미터에 몸무게 90킬로

그램이 넘는 그는 나무로 만든 오두막을 집으로 삼고 뗏목으로 강을 건너고 평야를 횡단하면서 40년을 살아왔습니다. 소위 문명의 중심에서 많이 벗어난 삶이었습니다. 인생이면의 모든 혐오스러운 것들을 익숙하게 접하면서도 그는 영혼을 더럽히지 않았습니다. 그는 진실하고, 안정적이고, 정직한 사람이어서 그를 알게 된 사람들은 모두 그를 존경했습니다. 어느 누구도 그에게 거짓말을 할 수 없었습니다. 아일랜드인다운 듬직한 몸집도 그가 살아가는 데 도움이 되었을 것입니다.

밴스는 독서와 명상의 시간을 많이 가졌습니다. 그는 책을 읽는 것에 그치지 않고 많은 부분을 외웠습니다. 누군가 바이런의 시 첫 구절을 읊으면 그가 남은 구절을 완성할 것입니다. 그는 셰익스피어를 알았고, 브라우닝Robert Browning은 질릴 정도로 정독했으며, 리디Reedy에게는 홀딱 빠졌고, 톰 무어Tom Moore를 사랑했으며, 스티븐슨Robert Louis Stevenson을 즐겼고, 버튼Burton은 시도만 했고, 모셔Mosher를 경외했습니다. 다윈Darwin, 헉슬리Thomas Henry Huxley, 틴들John Tyndall, 스펜서Herbert Spencer, 월러스Alfred Russel Wallace에 대해서도 진지하게 이야기했습니다. 월러스의 《말레이 여행Travels in Malay》

은 그에게 교과서였습니다. 그는 페인Thomas Paine에게 그랬던 것처럼, 흄David Hume, 버클Henry Thomas Buckle, 헥켈Ernst Haeckel, 렉키William E. H. Lecky를 찬탄했습니다.

이런 이야기를 할 때 밴스의 어조는 느리고 단조로웠습니다. 그는 단어 하나하나를 고심하며 사용했고, 정확한 내용만을 말했으며, 시종일관 예의와 존경을 잃지 않았습니다. 그는 경청하는 사람이었지만, 그가 입을 열면 우리는 그의 이야기에 기분 좋게 빠져들었습니다.

밴스와 함께 온 사람은 맥도널드라는 이름의 체격 좋은 70세의 스코틀랜드인이었습니다. 그는 허드슨 베이 컴퍼니라는 캐나다 최고의 유통 기업에서 30년 동안 관리자로 일했습니다.

두 사람은 문학을 통해 만났습니다. 두 사람 모두 로버트 루이스Robert Louis를 사모했고, 《작은 여행들Little Journeys》을 읽었습니다. 그들은 자신만의 명쾌한 철학 도식과 옳고 그름에 대한 명확한 개념을 염두에 두고 책을 읽었습니다.

30년의 세월을 원주민과 함께 보낸 맥도널드는 자연스럽게 고요한 성품을 갖게 되었습니다. 그는 인디언 보호 구역의 상당 부분을 관리하고 있었습니다.

강연이 끝난 뒤 그들을 제 방에 초대했습니다. 수 개비의 담배와 오랜 침묵이 있은 후 맥도널드가 우리에게 이야기를 들려주었습니다. 밴스의 오랜 친구를 존경하게 된 나는 그의 사투리를 감히 따라 할 수 없습니다. 그것은 그만의 것입니다. 그러나 그가 한 이야기는 전할 수 있습니다. 한동안 고요히 생각에 잠겨 있던 그가 입을 열었습니다.

"인디언은 웬만해서는 결코 나쁘게 행동하지 않는다네. 나는 그들과 말다툼을 크게 해 본 적이 없어. 그들은 천성적으로 어린아이와 비슷하고, 타인의 친절함에 민감하게 반응하지. 지난 몇 해 동안 우리는 혹독한 겨울을 나야 했어. 인디언 친구들은 무척 고통스러워했지. 지난봄, 새싹이 막 터오를 무렵에 갓난아기를 등에 업은 인디언 여자가 여덟 살짜리 딸아이와 우체국으로 찾아왔네. 여자는 하루 종일 자리에 앉아 아무 말도 하지 않았어. 내게 뭔가 하고 싶은 말이 있는 것 같았는데 밤이 되자 모습을 감춰 버렸어. 다음 날 아침에 그들은 다시 찾아와 자신들이 겪은 고난을 말해 주었지. 이야기를 들으면서 나는 심장이 무너지는 느낌이었어. 그해 겨울은 유독 일찍 찾아왔어. 눈이 내리기 시작할 무렵, 여자는 성인이 된 아들과 함께 냉동 저

장한 토끼들을 펼쳐 놓고 있었지. 그때 길을 잃고 헤매던 사냥꾼 무리가 다가와 그들에게 먹을 것을 부탁했고, 여자는 토끼 고기를 그들에게 선뜻 내주었다네. 남편과 아들이 토끼를 더 잡아올 거라 믿었기 때문이지. 하지만 눈은 멈추지 않았고 강풍에 눈발까지 사납게 내리쳐서 천막집을 나설 수조차 없었어. 그들은 오랫동안 정들었던 개들을 잡아야 했다네. 이틀 동안 눈이 그치기를 기다리다 남편과 아들이 사냥을 나섰지만, 그들은 돌아오지 않았다네. 여자는 남편과 아들을 찾아 나섰어. 남편과 아들은 춥고 배고픈 상태에서 1.5킬로미터 정도를 걸었던 것 같아. 아들은 이미 죽어 있었고, 남편은 겨우 숨이 붙어 있었지. 여자는 남편을 끌고 집으로 돌아왔어. 그리고 남편을 썰매에 싣고 다섯 살짜리 아이를 그 위에 올려 단단히 묶었네. 그런 다음 갓난아기를 등에 업고 여덟 살짜리 딸에게 썰매 끄는 것을 돕게 해서 가장 가까운 이웃집으로 향했지. 하루 종일 걸은 끝에 그녀는 겨우 이웃집에 도착했어. 그 집에서 같이 온 개를 죽여서 며칠을 더 버틸 수는 있었어. 하지만 남편과 다섯 살배기 아이는 버티지 못하고 세상을 떠나고 말았어. 눈이 멈추자 남은 가족은 토끼를 잡고, 나무껍질을 벗겨 먹었다네. 마침내 봄이 왔고, 얼음이 녹았어. 그들은 가족의 사망 소식을 알리기 위해 우체국을 찾아왔다네. 지난 일을 이야기하면서 그들은 눈물을 흘리지 않았어. 그들은 아무것도 원하지 않았고, 단지 내가 그 사실을 알기만을 바랐어. 말을 마치자마자 숲속으로 사라진 걸 보면 그들은 내게서 위로도 바라지 않았던 것 같네. 나는 들을 뿐이었고 자리에 가만히 앉아 있을 뿐이었지."

지혜는 영문 모를 말 속에
가둘 수 없습니다

우리가 알고 있는 모든 아름다운 생각과 소중한 느낌들은
자연이 제공한 것입니다. 거기에 비밀은 없습니다.

○

　　　　　미스터리와 기적은 이집트에서 탄생했습니다. 그것은 지배자와 종교 지도자에 의해 지원을 받고 진화된 엄청난 사기입니다.

　오늘날의 사기는 그에 비하면 아마추어 수준입니다. 정부와 군대는 국민의 거대 금고를 보호하겠다고 맹세하지만, 실질적으로는 아무것도 하지 않습니다. 탐욕과 자기 최면에 의한 믿음을 토대로 해서 게걸스럽게 돈을 집어삼키고 몸집을 불리는 것입니다.

　창조의 가장 깊숙한 비밀과 운명을 알아내고 알리는 데 영향을 미치는 무언극과 기이한 행동, 의상, 의식의 관례들은 모두 이집트에서 생겨났습니다.

　오늘날 이집트에는 무덤과 대규모 공동묘지, 침묵만이

EGYPT & NUBIA.

FROM DRAWINGS MADE ON THE SPOT BY
David Roberts, R.A.

WITH HISTORICAL DESCRIPTIONS BY
WILLIAM BROCKEDON, F.R.S.

LITHOGRAPHED BY
LOUIS HAGHE.

VOL. I.

LONDON F. G. MOON, 20, THREADNEEDLE STREET.
PUBLISHED BY COMMAND OF HER MAJESTY.
MDCCCXLVI.

존재합니다. 한때 우주를 지배했지만 십자가에 의해 쫓겨난 태양신 아문-라Amun-Re. 그는 현재 미라로 보관되어 있습니다.

이집트인들은 그들의 미스터리가 밝혀지는 것을 두려워했고, 철저히 경계했습니다. 그러나 이제 우리는 그들의 비밀을 알아냈습니다. 진실은, 그들에게는 미스터리가 존재하지 않는다는 것입니다.

지혜는 영문 모를 말 속에 가둘 수 없고 허튼소리에 발목을 잡히지도 않습니다. 지식은 지식이고, 잡담은 잡담일 뿐입니다.

그리스 문자는 한때 모든 대학에서 필수였지만 이제는 원시 유물입니다. 죽은 언어를 선택 과목으로 만든 것은 송장의 마지막 경련성 발차기였습니다. 문제는 학생들이 명맥만 겨우 유지하고 있는 그리스 문자의 미스터리는 심각하게 받아들이면서 대학 교과 과정은 가벼이 여긴다는 사실입니다. 만약 지식이 염소를 타기만 해도 얻어지는 것이라면, 시골 농부도 진화론을 쉽게 이해할 것입니다.

인생과 도덕에 비밀은 있을 수 없습니다. 우리가 알고

있는 모든 아름다운 생각과 소중한 느낌들은 바로 자연이 제공한 것이기 때문입니다. 그것은 우리의 얼굴을 빛나게 합니다. 훌륭한 이들은 그것을 알아보고, 감사히 여기고, 공유할 것입니다. 우리는 나눠 줄 때에만 소중한 것을 간직할 수 있습니다.

●

깡통 철학

우리는 깡통 철학으로
양육되고 있습니다

깡통 철학으로 양육된 사람들은 다른 것은
아무것도 소화하지 못합니다.
몸과 마찬가지로 의식도 익숙한 것을 갈망하기 때문입니다.

○

깡통 철학은 사람들이 자신의 생각을 믿지 못할 때, 신체 현상에 대한 설명을 필요로 할 때, 신경이 예민할 때, 변화의 시기에 있을 때, 보호를 갈구할 때 가장 좋은 방향으로 접근합니다.

그런 입장에서 보면 신학도 깡통 철학입니다. 종교 의식과 짝을 이룬 신비주의는 종교에 갓 입문한 불안한 사람들의 마음을 현혹합니다.

수세기에 걸친 독실한 성직자의 정략政略은 과학적 발전을 저해했습니다.

복종과 기도에 대한 응답, 향료, 예복, 기도 행렬, 야릇한 광경과 소리, 냄새를 가진 형식화된 종교들은 이성을 달아나게 하고, 우리를 모두 겁쟁이로 만들기 위해 교묘히 이용됩니다.

종교들은 현실적으로 가능한지, 바람직한 것인지에 대한 명쾌한 대답을 듣기도 전에 성과를 거두어 왔습니다. 그때부터 종교와 과학의 전쟁이 시작되었습니다. 과학은 자유를, 종교는 족쇄를 외치면서.

미신이나 환상적인 이야기들은 아이들의 상상력을 자극할 수 있습니다. 물론 이러한 자극이 죽음이나 무력증, 말없는 무관심보다는 낫습니다. 이렇듯 미신도 쓸모가 있습니다. 그러나 그것을 교리로 구체화하거나 진실이라 외치면서 명령과 위협, 강압으로 인류 전체에게 강요하는 것은 위험합니다.

종교와 정부는 오늘날에도 모종의 '관계'를 유지하고 있습니다. 대통령 후보들은 대부분 자신의 진짜 믿음을 밝히는 데 두려움을 갖고 있습니다. 종교는 아직까지도 정부로 하여금 국민에게 깡통 철학을 강요하도록 조종하고 있습니다.

그럼에도 나는 대부분의 성직자들이 진심에서 우러난 봉사를 하고 있다고 믿습니다. 그러나 우리의 이기주의는 우리가 얻게 될 이익을 놓쳐서는 안 된다고 떠들어 대고,

그것을 생의 믿음으로 삼고 있습니다.

예수는 형식적이고 보수적인 종교에 저항했습니다. 그는 자신의 종교적 믿음을 조직화하는 일에 관여하지 않았습니다. 그러나 세상을 떠난 예수는 자신의 이름을 보호하지 못했습니다. 저항과 애정이 결합된 그의 점잖은 철학은 사라지고, 기독교는 우세한 이교도가 뒤범벅으로 섞어 놓은 미신으로 변질되고 말았습니다.

이따금 자유주의자라는 사람이 나타나 대중을 소독하고 새로운 힘이 돋게 할 포름알데히드를 발견했다고 발표합니다. 그는 정직한 사람일지도 모릅니다. 미래와 행운, 명성이 그가 하는 일의 성공에 달려 있기 때문에 그는 인생 전체를 걸고 그 일을 합니다. 순교는 그들의 성공보다도 진실을 증명해 내지 못합니다.

순교자들의 영웅심과 고집은 소름 끼치다 못해 경이롭기까지 합니다. 그들은 자기도 모르는 사이에 단 하나의 일을 완수하기 위해 사회에서 훈련을 받아 왔습니다. 이들은 자신이 믿는 것을 고수하고 집착하다가 결국 그 일을 하면서 죽음을 맞이합니다.

신학이 하는 일이 바로 이런 것입니다. 그렇게 훈련된 사람들은 다른 것은 아무것도 할 수가 없습니다. 그들은 자신만 옳다고 주장하며 정부에 무신론적 태도 때문에 끔찍한 일들이 일어날 것이라고 경고합니다.

깡통 철학으로 양육된 사람들은 다른 것은 아무것도 소화하지 못합니다. 몸과 마찬가지로 의식도 익숙한 것을 갈망하기 때문입니다.

정부와 종교가 분리되지 않는 이상, 그 어떤 사색가도 안전하지 않았습니다. 제도에 순응하지 않는 사색가의 삶에 반역과 신성 모독이라는 혐의가 언제 씌워질지 모르기 때문입니다.

오늘날 톱밥으로 만든 아침 식사 같은 신학은 도덕의 주입과 달콤한 윤리학의 살포를 통해 사색하지 않는 사람들의 비위를 맞추고 있습니다.

형식적인 종교는 본디 노예를 대상으로 만들어진 것이었습니다. 그것은 그들에게 위로를 제공했습니다.

그러나 이제는 다릅니다. 상식적인 사람들은 자신의 일을 즐기지 않으면 그 어떤 것도 즐길 수 없다는 사실을 알고 있습니다. 노동은 우리의 안전지대이자 보호막이고, 예술은 자신의 일에서 느끼는 즐거움을 표현한 것입니다.

노동을 예술로 승화시킬 수 있는 경지에 이르면 우리는 극치極致를 경험하거나 스스로 신이 된 느낌을 받기도 합니다.

공포는 우리를 비틀거리고
요동치게 만듭니다

죽음, 질병, 법에 대한 공포는 고요하고 침착하게
삶을 영위해 나가는 우리의 정신을 비틀거리고
요동치게 만듭니다.

○

독일의 마르틴 루터Martin Luther, 프랑스
의 장 칼뱅John Calvin, 스코틀랜드의 존 녹스John Knox는 동시대
를 살았습니다. 그들은 종교계의 삼두마차를 이루며 당대
에 심오한 영향을 미쳤습니다. 우리는 그들이 이룩한 신기
원을 '개혁'이라고 부릅니다. 그들은 이성이라는 거대한 해
일의 역류, 르네상스를 이끌었습니다.

루터와 칼뱅, 녹스는 로마의 오만을 제압했고, 전제 정
치에 대한 맹신을 꺾었습니다. 신학자 에르네스트 르낭Ernest
Renan은 루터가 "사람들에게 무언가를 저렴하고 좋은 것인
양 제공하는 가톨릭교회와 타협해서" 역사의 진보를 500
년이나 거스르는 결과를 초래했다고 생각했습니다. 그러나
그는 알코올 중독이 몸의 질병인 것처럼 광신이 의식의 질

병이라는 사실을 알지 못했습니다. 그 둘을 합리적으로 치료하기 위해서는 복용량을 줄여야 한다는 것도 알지 못했습니다. 우리가 무언가를 끝낼 때에는 조금 덜 해로운 대용물이 필요한 법입니다.

폭력과 혐오를 통한 치료가 가능할 때도 있겠지만 그것은 신뢰하기 힘들고 위험합니다. 인류는 느린 속도로 나약함의 영향력에서 벗어날 수 있습니다.

르낭은 루터가 "단지 좋은 것으로 포장"만 하지 않았다면, 인류는 로마의 최면에서 벗어나 맑고 고요한 이성의 햇살로 이동할 수 있었을 것이라 여겼습니다.

만약 프랑스 계몽주의 사상가 드니 디드로Denis Diderot를 비롯한 수많은 이들의 단언처럼 개신교가 "진실을 갖고 타협한 것"이라면, 삶 자체가 타협이라는 사실만을 기억합시다.

진보는 길을 사용할 수 있는 권리를 정당하게 나눠 주고 운송 수단이 지나갈 길을 만드는 것입니다. 비록 그곳 거주자들을 모두 사랑하거나, 그곳 여인들의 모자에 탄복하지 않았더라도 말입니다.

자연은 동물이 신체적으로 성숙하는 데 필요한 시간을 기준으로 그 다섯 배 정도를 살 수 있도록 했습니다. 인간은 20세에 자신의 키와 최대치의 힘을 갖게 되니 100세까지 살아야 할 것입니다.

　70세가 넘어서도 성장하는 뇌는 안정된 상태에서 다른 모든 기관들이 쇠퇴하는 과정을 지켜봅니다. 죽음은 인간을 한 줌으로 만듭니다. 생전에 뇌가 과도하게 활동했든, 거의 활동하지 않았든 결과는 마찬가지입니다.

　사람의 정신과 몸을 병들게 하는 것 중에 공포만큼 유해한 것은 없습니다. 공포는 의지를 마비시키고, 분비 활동을 억제하거나 과도하게 만듭니다. 질투, 잔혹함, 증오, 복수는 공포의 다른 형태입니다. 공포를 떨쳐 내면 누구나 연설가나 예술가가 될 것입니다. 범죄자나 사기꾼들도 알고 보면 삶의 흐름이 흐트러질 정도의 공포에 사로잡혀 있습니다. 공포라는 무시무시한 클러치를 작동하기 전까지는 누구나 안전합니다.

　국민의 평균 수명에 대한 질문을 받은 페르시아 왕은 이렇게 대답했다고 합니다.

　"어떤 사람은 늙어서 죽고 어떤 사람은 젊어서 죽지. 얼마나 오래 살지는 신만이 알고 있다네."

루터는 63세에 세상을 떠났고, 칼뱅은 53세에, 녹스는 57세에 사망했습니다. 루터와 녹스는 감옥에 있었고, 칼뱅만 탈출을 감행했습니다. 공통점은 그들 모두 사형 선고를 받고 죽음이라는 공포의 저주 아래 살았다는 것입니다. 그들은 공포의 종교를 설파했습니다. 말 그대로 죽음을 두려워했고, 많은 사람에게 드리워진 죽음을 두려워했습니다.

신학은 이 세상은 고통으로 가득하지만 다음 세상은 아름다울 것이라고 설교하면서 인간의 시선을 이번 생에서 다음 생으로 옮겨 놓고 공포심을 조장합니다.

신학 다음으로 해악한 것이 의학입니다. 의학은 비정상을 다루는 학문이며 질병에 대한 공포를 끊임없이 주입시킵니다. 의학은 인류로 하여금 스스로의 힘을 부정하고 의사를 의존하게 함으로써 의사만이 모든 고통을 치유해 줄 수 있다고 믿게 만들었습니다. 우리는 삶의 법칙을 스스로 충분히 이해하고, 새와 다람쥐들처럼 마냥 행복해서는 안 되는 것일까요?

다음으로 인간을 불행하게 만드는 거대 엔진은 법입니다. 주요 입법 기관을 구성하는 사람들의 70퍼센트가 법률가들입니다. 그들은 아주 자연스럽게 법률가를 삶의 필수 요소로 만들었습니다.

최근까지 법은 다수의 복종을 이끌어 내고 소수의 특권을 유지하기 위한 장치였습니다. 소수가 압력을 가하면, 다수는 복종하게 됩니다. 그러지 않으면 진창에 빠지게 될 테니 말입니다. 사람들이 일반적으로 생각하는 정의는 그것에 맞서 싸워야 한다는 것입니다. 그런데 우리는 소수가 준 빵으로 스스로의 입을 막아 버렸습니다. 대부분의 사람들에게 법은 거대하고 미스터리하고 악의가 넘치는 분노의 엔진입니다. 대부분의 정직한 사람들은 소환장에 얼굴이 창백해질 것이고, 문 앞에 선 법원 직원을 본다면 깜짝 놀랄 것입니다. 검사가 우리를 기소하면 우리는 그에 맞서 자신을 지켜야 합니다.

"변호사를 고용할 돈이 없다면, 당신은 유죄를 선고받고 당신의 정의는 웃음거리가 될 것이다."

저명한 변호사 루서 러플린 밀스Luther Laflin Mills의 말입니다.

나는 성직자들에게서 배운 죽음의 공포, 의사들이 조장하는 질병의 공포, 법률가들이 퍼트리는 법의 공포가 독기처럼 우리 속에 스며들어 수명의 3분의 1을 단축시킨다고 확신합니다. 고요하고 침착하게 삶을 영위해 나가는 우리의 정신을 비틀거리고 요동치게 만드는 것입니다.

그러면 당신은 물을 것입니다.

"그럼 어떻게 하죠? 야만의 시대로 돌아가기라도 해야 하나요?"

나의 대답은 '아니오.'입니다.

우리는 깨달음Enlightenment을 향해 나아가야 하고, 나아갈 것이고, 나아가고 있습니다.

망치로 일어선 자는
망치로 망합니다

사탄은 다른 이들이 하는 말을 듣지 않았습니다.
그는 자신이 더 나은 방법을 알고 있다고 믿었습니다.

○

사탄도 한때는 인간이었습니다. 그러다가 신이 되어 천국에서 살게 되었습니다. 그를 향한 사랑과 믿음이 가치 있던 시절이 분명 있었습니다. 그렇지 않았다면 하느님이 그를 천국에 들이지 않았을 것입니다.

하지만 사탄의 성질에는 별난 구석이 있었습니다. 그에게는 '예술가적 기질'이 있어서, 분위기를 잘 타고, 화를 잘 내고, 남 탓을 잘 하고, 게으르게 시간을 보내는 데 일가견이 있었습니다. 그는 천국에 있는 문제들을 고치려고 하지 않고 자신의 말을 들어 주는 이들 앞에서 그것들을 지적하고 비난하기만 했습니다.

게다가 사탄은 자신의 게으른 손으로 장난을 칠 방법만 궁리했습니다. 그는 하프를 연주하지 않고, 의복을 빨

지도 않았으며, 금과 원석으로 만들어진 길을 닦지도 않았습니다.

일꾼들이 포장용 돌을 놓는 일을 하고 있을 때 사탄은 연석 위에 앉아 그들을 구경했습니다. 일의 진행을 보기 위해 하느님이 그곳에 왔다가 떠나면 사탄은 하느님에 대한 고약한 말들을 쏟아 내고, 그가 규율에 너무 엄격하다며 일장 연설을 늘어놓곤 했습니다.

하느님이 사탄에게 부지런히 몸을 움직이라고 타이를 때마다 사탄은 말했습니다.

"나는 부지런해요!"

그러면 하느님은 이렇게 말했습니다.

"그럴 것이다. 옳지 못한 일에서만 말이다!"

한번은 사탄에게 합창단의 신입 단원들을 훈련시키게 한 적이 있었습니다.

"나에게 저런 풋내기들을 가르치라고? 목소리는 왜 저 모양이야? 병에 걸렸나 보군. 저런 자들은 절대 노래를 시켜서는 안 돼. 이곳에는 새로운 문지기가 필요해. 그래야 잘못된 지원자들에게 갈 곳을 정확하게 알려 주지! 난 합창단을 맡지 않을 거야. 지금 내 앤빌Anvil, 타악기의 일종 악단이

맹연습 중인데 합창단 가르칠 시간이 어디 있어?"

사탄은 다른 이들이 하는 말을 듣지 않았습니다. 그는 자신이 더 나은 방법을 알고 있다고 믿었고, 천국의 발전을 위한 계획도 자신이 제안한 것이 아니면 모두 콧방귀를 뀌었습니다. 하지만 그의 제안은 별 볼일 없는 것들이었고, 그가 해낼 수도 없는 것이었습니다. 성자들이 찬송을 할 때 사탄은 자기가 가장 좋아하는 앤빌을 마구 두드렸습니다. 그리하여 수많은 사람들로 하여금 앤빌이 하프보다 더 감미로운 악기라고 믿게 만들었습니다.

하느님은 더 이상 참을 수가 없었습니다. 사탄이 앤빌의 부속물인 망치 자루를 만들기 위해 공장을 세운 사실이 밝혀지자 하느님은 사탄을 파면하기로 결심했습니다. 명령이 전달되었습니다. 성자들은 예복을 벨트로 단단히 조이고, 사탄을 향해 돌진했습니다. 사탄은 나무 대포에서 발사된 고무공처럼 천국에서 쫓겨났습니다.

밀턴John Milton은 그가 2주에 걸쳐 땅으로 떨어졌다고 했습니다. 땅으로 쫓겨난 사탄은 자신을 '데빌D'evil'이라고 지칭하며, '쫓겨난 왕자'라는 사실을 자랑했습니다.

신학자들이 사탄에게 관심을 기울이지 않았다면 그는

Ruined Mosques in the Desert, West of the Citadel.
David Roberts R.A.

스스로를 그렇게 자랑스러워하지 않았을 것입니다. 목사들은 공개적으로 사탄을 멀리하라고 설교하면서도 돌아서면 많은 시간을 그와 친하게 지냈습니다. 극작가와 시인들도 비밀스럽게 그를 사모했고, 문학으로 재탄생시켰습니다. 이 모두가 사탄을 자만하게 만들었습니다.

그러나 오늘날 대부분의 목사들은 그를 부정하고, 문학 또한 그와 절교해 버렸습니다. 그의 인기는 사라졌습니다. 우리는 그가 어디에 있는지, 그가 무엇을 하는지 궁금해하지 않습니다. 사탄은 죽은 것이 되었습니다.

깨끗하고 단단한 몸은
매혹적인 얼굴보다 아름답습니다

복종만큼 빛나는 단어가 없습니다. 적절하게 통제된 몸은
언제든 의식의 명령을 따를 준비가 되어 있습니다.

○

세계 레슬링 챔피언 윌리엄 멀둔William Muldoon은 가장 완벽한 신체를 가진 사람입니다. 그의 키는 정확히 177.8센티미터이고, 옷을 입지 않았을 때의 몸무게는 81킬로그램입니다. 고대 그리스의 조각가 페이디아스Phidias와 프락시텔레스Praxiteles의 작품 이래 가장 위엄 있고 균형 있는 신체의 소유자라 할 수 있습니다. 말수가 적은 멀둔은 다른 사람들이 이야기를 마칠 때까지 귀를 기울입니다. 그는 '관찰하는 사람'입니다.

링 위의 법칙을 아는 사람들은 그가 허스키한 목소리로 이렇게 말하는 장면을 기대할 것입니다.

"내가 저자를 때려눕히겠어. 두고 봐!"

하지만 공기 속에 울려 퍼지는 가볍고, 음악적이고, 더

없이 아름다운 이 남자의 목소리를 들으면 누구나 깜짝 놀랄 것입니다. 그는 속삭이는 소리로 방을 채울 수 있고, 1킬로미터 떨어진 곳까지 목소리를 울려 퍼지게 할 수도 있습니다. 하루 종일 말해도 목이 쉬지 않습니다.

멀둔은 모든 행동을 조심스럽게 합니다. 자신의 한계를 알고, 그 속에서 적절하게 행동하는 편입니다. 앉을 때 다리를 꼬거나, 발을 구르지 않고, 콧수염을 말지 않으며, 머리카락을 만지작거리지 않습니다. 코를 긁지 않고, 넥타이를 고쳐 매지 않으며, 손톱을 이리저리 살펴보지 않습니다. 외출할 때도 외모를 완벽하게 살핀 뒤에 집을 나섭니다. 이런 침착함과 절대적인 우아함은 아테네의 정신이 언젠가 다시 찾아올 것이라는 희망을 줍니다.

나중에 멀둔은 이렇게 말했습니다.

"내가 트레이너로 성공할 수 있었던 것은 근육의 힘을 키우기 위해서가 아니라 균형을 이루기 위해서, 나를 통제하고 단속하기 위해서 운동했기 때문입니다. 자신의 몸을 지배하는 사람은 없습니다. 오히려 의식이 몸의 괴롭힘을 받지요."

부디 이 말을 기록하고, 대학에 그를 소개해 주기 바랍니다. 하버드 대학이 그를 임용하면 어떨까요?

멀둔은 돈을 벌기 위해 일하지 않습니다. 멀둔은 부유합니다. 그는 게으르게 지내서는 안 된다는 것, 이미 얻은 명예에 만족해서는 안 된다는 것을 알았기에 늘 성실하게 살았습니다. 멀둔은 자신이 좋아하는 일을 선택했고, 그 선택이 그에게 기쁨을 주었습니다.

멀둔은 레슬링 선수였던 젊었을 때부터 의식이 몸을 지배해야 하고, 몸은 의식에 복종해야 한다고 여겼습니다. 50년 동안 운동을 한 후, 그의 눈앞에 또렷이 나타난 단어는 '복종'이었습니다.

그는 프로 권투 선수들을 훈련시켰습니다. 세계 헤비급 챔피언이었던 미국 권투 선수 존 설리번John Lawrence Sullivan도 그중 한 명입니다. 멀둔은 존을 훈련하는 데 성공했습니다. 결국 존도 복종만큼 빛나는 단어가 없다는 결론을 내렸습니다. 그의 몸은 적절하게 통제되어 언제든 의식의 명령을 따를 준비가 되어 있었습니다.

멀둔은 여러 대학에서 건강을 주제로 한 강연을 했습니다. 이후 건강을 잃은 사업가, 예술가, 변호사, 목사, 의사들을 대상으로 신체 훈련 프로그램을 시작했습니다. 멀둔에게는 그만의 방식이 있었습니다. 사랑, 친절, 따뜻한 격려에 기반을 둔 것이 아닙니다. 물론 멀둔의 마음속에 그런 것이 없는 것은 아니지만, 밖으로 드러내지 않습니다. 그는 계획을 지키는 것에 집중합니다.

모든 것의 기본은 복종입니다. 아이러니하게도 우리는 의지를 세우기 위해 의지를 죽여야 힙니다.

말을 조련하기 위한 채찍도 같은 맥락입니다. 조련사는 채찍을 들고 마구간 칸막이에 가서 말이 복종할 때까지 공포를 조장합니다. 하지만 말을 결코 때리지는 않습니다.

멀둔은 잔인한 자연을 닮았습니다. 우리는 자연에 복종하고 협력할 때에만 친절한 자연을 만나게 됩니다. 자연에의 복종을 통해 우리는 정신과 영혼, 그리고 몸이 필요로 하는 것을 얻게 됩니다.

복종하고, 내면의 갈등을 멈추면 우리는 성공할 것입니다. 복종하는 데에는 의지력이 필요합니다. 보통 사람의 몸은 복종하는 법을 한 번도 배운 적이 없을 것입니다. 그들의 몸은 굼뜨고, 게으르고, 데면데면하고, 허세를 부리고, 무관심하고, 자신의 의식을 무시합니다.

아무리 창조적 지성을 가졌다 해도 몸에 좋지 않은 음식과 술, 기이한 음료를 탐닉하고, 늦게 자고 늦게 일어나며, 신경 쇠약과 질병을 달고 사는 가련한 몸을 가졌다면 아무 소용이 없습니다.

어느 위대한 시인은 늘 배가 부르고, 눈이 흐릿하고, 몸이 꾸부정하고, 고집이 세고, 변덕스럽고, 소화가 잘 되지 않았다고 합니다. 그는 한 번도 복종을 통해 자신의 몸을 길들이지 않았습니다. 몸을 그대로 방치하면 신체의 조화 또한 의식과 함께 어느 순간 스러지게 됩니다.

우리는 움직일 수 있는 한, 몸을 괴롭히는 일을 감수해야 합니다. 나쁜 습관들은 자신을 꾸짖지 않기 때문에 생겨납니다. 몸은 담배, 커피, 차, 술 등의 흥분성 음료, 기이한 음식, 신기한 장면, 냄새, 소리, 감각들을 요구합니다. 그리고 의식은 무력하게 그것에 끌려갑니다. 고집스럽고 멈출 줄 모르는 짐승에게 끌려가며 고통스럽고 비효율적인 삶을 살게 되는 것입니다. 제아무리 능력 있고 지적이라 해도 어느 순간 손은 소금으로 향하면서 입은 "후추 좀 줘."라고 말하는 것입니다.

멀둔은 질병이 의지 부족으로 인한 결과라고 말합니다.

사람들을 훈련하면서 멀둔이 요구하는 것은 단 하나, 사람들이 자기의 고집을 포기하고 그의 명령에 복종하는 것입니다. 소위 성공한 사람들은 복종을 너무도 힘들어해서 세 명 중 한 명은 이틀을 못 견디고 도망칩니다.

포기하고 떠나는 사람들의 낙담하고 불만스러운 얼굴과 마주한다면 멀둔은 장의사가 쓴 카드를 보여 주며 연옥에서의 행운을 빌고 메피스토펠레스Mephistopheles에게 안부를 전해 달라고 할 것입니다. 멀둔의 훈련 아래 일단 사흘을 버틴 사람들은 3주에서 6주를 무사히 견디고 건강을 회복합니다. 예외가 있을 수 있겠지만, 이 정도가 일반적인 통례입니다.

멀둔의 훈련은 '근육 강화'라고 일컬어집니다. 진행 방식은 다음과 같습니다.

멀둔은 회색 지붕의 소박한 집에서 차분함과 위엄을 갖추고 당신을 맞이합니다. 당신은 그런 멀둔에게 감명을 받고, 그가 당신과 공감해 주기를 바라지만, 얼마 지나지 않아 멀둔이 어느 누구와도 감정을 나누지 않는다는 사실을 깨닫게 될 것입니다.

멀둔의 재빠른 시선은 5분 만에 당신을 훑어보고 훈련을 이겨 낼 힘을 갖고 있는지 파악합니다. 이후 당신은 멀둔의 집에 '수용'됩니다. 이 집에는 의사를 포함한 모든 방문객을 들일 수 없고, 책과 약, 커피, 차, 주류 반입이 금지됩니다. 당신은 이것을 부당하다고 여기지만 감수하기로 마음먹고 친구들과 작별 인사를 합니다. 우뚝 솟은 느릅나무들 사이에 서서 친구들의 차가 언덕을 돌며 천천히 내려가는 것을 보면서, 당신은 문득 당혹감을 느낄 수도 있습니다.

이제 당신이 할 일은 당신 앞에 서 있는 한 사람, 멀둔의 비서와 면담을 하는 것입니다. 당신은 이 친절한 젊은이에게 첫 주 비용인 60달러를 지불합니다.

그는 당신에게 두꺼운 스웨터와 회색 체육복 바지, 슬리퍼를 제공하고, 당신이 머물 방으로 안내합니다.

방에는 작은 테이블과 의자, 철제 침대가 구비되어 있습니다. 화장실의 간소한 필수품은 불필요한 것들의 부재로 인해 더욱 눈에 띕니다. 수도원의 독방처럼 생긴 방에는 문이 두 개 있는데, 하나는 밖으로 나가는 문이고 다른 하나는 복도로 통하는 문입니다. 그곳 문에는 자물쇠도, 빗장도 없습니다.

당신은 열린 문을 통해 풍경을 감상하거나 벌들이 윙윙거리는 소리, 메뚜기 떼 사이를 지나는 여름날의 바람 소리를 즐길 생각은 하지 못하고 침대에 멍하니 앉아 있습니다. 작은 침대에 누워 낮잠이나 잘까 생각할 때, 스웨터를 입은 젊은 교관이 문틈으로 머리를 내밀고 말합니다.

"멀둔 선생님이 기다리고 계십니다."

당신은 투덜거리면서 죄수복 같은 옷을 평소보다 빠르게 입습니다. 그러고는 자신의 끔찍한 모습을 확인하기 위해 거울을 찾아 두리번거립니다. 하지만 방에는 거울이 없습니다.

당신은 계단을 내려와 아래층에 있는 체육관으로 들어갑니다. 그곳에는 운동복을 입은 멀둔이 훈련생 열두 명을 대상으로 체조 수업을 진행하고 있습니다.

미국 상원 의원인 촌시 데퓨Chauncey Mitchell Depew도 똑같은 상황을 경험했습니다. 상원 의원의 얼굴은 누렇게 뜨고 눈 밑에는 다크서클이 있었습니다. 그는 멀둔에게 다가가 재치 있는 말을 한마디 했지만, 멀둔은 낮고 분명한 어조로 말했습니다.

"앉으시죠, 선생님."

상원 의원은 멀둔이 무릎을 치며 크게 웃어 주기를 기대했습니다. 아니면 적어도 미소를 짓고 워싱턴에서는 어떤 일이 벌어지고 있는지 물어주기를 바랐을 것입니다. 그러나 멀둔은 단호하게 말했습니다.

"앉으시죠, 선생님."

곧바로 체조가 시작되었습니다.

"오른발, 왼발, 오른팔, 왼팔, 위로, 아래로, 올리고, 내리고, 목을 왼쪽으로!"

상원 의원은 창가로 가서 밖을 바라보다가 체육관을 어슬렁거렸습니다. 수업은 여전히 진행 중이었습니다.

"앉으시오, 선생!"

갑자기 멀둔의 목소리가 들렸습니다.

상원 의원은 그 소리가 자신을 향한 것이라 생각하지 않았습니다. 어느 누구도 자기에게 그렇게 말한 적이 없었기 때문입니다. 그는 계속 어슬렁거렸습니다.

멀둔이 상원 의원을 향해 다가오며 세 번째 명령을 내렸습니다.

"데퓨 씨, 앉으시오!"

그는 벽 가까이 놓인 의자를 가리키고 있었습니다.

상원 의원은 깜짝 놀랐지만 농담이라 여기고 어색한 미소를 지으며 대답했습니다.

"아, 저는 서 있는 게 좋습니다. 고맙습니다."

그러나 네 번째 명령을 듣고 상원 의원은 농담이 아니라는 것을 알아차렸습니다. 그는 놀란 나머지 말을 더듬었습니다.

"당신은 나를 잘 모르나 봅니다. 나는 데퓨 상원 의원입니다."

"알고 있소."

멀둔이 냉정을 잃지 않으며 대답했습니다.

"그런데 당신이야말로 나를 모르는 것 같소. 당신은 식후 연설을 하러 여기 왔소? 아니면 에티켓에 관한 강의라도 할 참이오? 어서 앉으시오!"

상원 의원은 높은 선반에서 잼을 훔친 죄로 벌을 기다리는 소년처럼 힘없이 의자에 앉았습니다. 멀둔은 그 뒤로도 5분 동안 침착하게 수업을 진행하다가 상원 의원에게 앞으로 나오라는 몸짓을 했습니다.

"손을 똑바로 드시오!"

상원 의원은 앞으로 손을 내밀었습니다.

"손을 똑바로 드시오!"

명령이 다시 한 번 울려 퍼졌습니다. 상원 의원은 명령을 따르려고 허둥거렸습니다.

운동은 적당한 수준이었지만 신출내기에게는 혹독하기 이를 데 없었습니다. 30분 뒤에 내려진 "샤워장으로!"라는 명령이 그에게는 구세주 같았습니다.

샤워장에 도착해 옷을 벗은 상원 의원은 마음이 조금 풀어졌습니다. 그때 가차 없는 명령이 떨어졌습니다.

"훈련 시작!"

그는 정신없이 스웨터를 입기 시작했고, 곧 점잖은 외관을 갖추게 되었습니다. 체육관의 남자들은 모두 똑같은 옷을 입고 있었습니다. 상원 의원은 서둘렀습니다. 도망을 치든가 복종을 해야 안전할 수 있다고 생각되었기 때문입니다.

저녁 식사 뒤에는 긴 시간 동안 초원과 언덕을 거닐고 숲을 가로질러 국경선을 따라 돌아왔습니다. 해가 진 서쪽 하늘에는 짙은 붉은빛이 감돌았습니다. 습지를 800미터 가로지른 곳에는 희뿌연 안개가 한데 모여들고 있었습니다. 여름밤이 막을 내리고, 저 멀리 숲이 보랏빛 조각들로 모습을 바꿨습니다. 산책하던 사람들이 언덕 꼭대기의 집으로 돌아와 부엌 시계를 보니 9시 정각을 가리키고 있었습니다.

상원 의원은 자러 가도 된다는 말을 들었습니다. 명령은 더 이상 필요 없었습니다. 그는 방으로 들어가 침대 기둥에 걸려 있는 모직 잠옷을 걸치고 침대로 곧바로 뛰어들었습니다. 분한 마음과 피곤함이 뒤섞인 채로.

그는 다음 날 아침 집으로 돌아가리라 결심했습니다. 하지만 계획을 세우기도 전에 그는 잠이 들어 버리고 말았습니다.

"6시!"

운동 교관의 부드러운 목소리가 들려왔습니다.

"6시 10분!"

교관이 다시 한 번 기상을 외쳤습니다. 이번에는 폐 깊숙한 곳에서 나오는 소리였습니다. 6시 15분, 교관이 물통을 가지고 나타났습니다. 물을 끼얹으려는 명령을 받은 것입니다.

불면증은 정확히 6시에 일어나는 사람들에게는 절대 찾아오지 않습니다. 불면증은 언제고 잠잘 수 있는 사람들만 괴롭힙니다. 일정한 시간에 잠자리에 들고 일정한 시간에 일어나면 몸의 습관을 계발할 수 있습니다. 이런 습관은 당신을 침대에 들게 한 뒤 부드러운 자장가를 불러 주며 당신의 눈을 감게 만듭니다. 걱정은 무뎌지다 못해 사라져 버립니다.

스물네 명의 남자들은 가볍게 체조를 한 뒤 약 1킬로미터를 행진하고 돌아와 샤워를 합니다. 이 모두가 매우 진지하게 진행됩니다. 잠에서 깬 희생자들은 실내복을 받고, 위층으로 올라가 정신 차리고 문명인의 복장을 입으라는 명령을 듣습니다.

멀둔은 심리학의 신봉자였습니다. 여자를 유혹할 때 우리는 신사처럼 옷을 입어야 합니다. 마치 기다리고 있던 손님을 만날 때처럼 말입니다. 옷을 입고 벗는 단순한 행위 속에서 우리는 근심을 잊고 정신적 한계에서 벗어납니다. 캐나다의 정신의학자인 모리스 버크Richard Maurice Bucke 박사도 환자에게 옷을 멋지게 바꿔 입고 머리를 가꾸라는 충고로 발작을 봉쇄시켰다고 합니다. 우리는 깨끗하게 하기 위해 더러워질 수 있지만, 더러워진 상태 그대로 있는 것은 결코 미덕이 아닙니다. 물론 깨끗한 사람들이 항상 그렇지 못한 사람들보다 낫다고 단정하는 것은 아닙니다. 그러나 멀둔은 깨끗한 칼라와 커프스, 산뜻한 손수건, 치실에 대해서는 돈을 아끼지 않았습니다.

적당한 운동과 목욕을 마친 뒤에는 아침 식사가 제공됩니다. 과일, 토스트, 삶은 달걀, 커피 한 잔이 전부인 소박한 식단입니다. 훈련생들은 자신이 사용한 그릇을 닦고, 음식을 더 달라고 요구하지 않았습니다.

멀둔은 방 한가운데, 시중드는 사람의 테이블에 앉았습니다. 다 비운 접시들이 그의 앞에 차곡차곡 쌓였습니다. 멀둔은 티 내지 않고 사람들의 움직임을 파악했습니다.

식사는 매우 천천히 진행되었습니다. 아침 식사 뒤에는 한 시간의 휴식 시간이 주어졌고, 그 시간이 끝나면 명령이 떨어졌습니다.

"부츠와 안장을 준비하시오!"

훈련생들은 승마복을 착용하고 400미터 떨어진 헛간으로 갑니다. 승마 경험이 있는 사람은 자신이 탈 말을 쉽게 찾아내지만 처음인 사람들은 기초부터 배워야 합니다. 말을 타는 동안에는 자신을 잊을 수 있습니다. 내면으로 침잠하는 것을 막는 데 승마는 매우 탁월한 선택입니다. 훈련생들은 두 시간 반 동안 천천히 말을 탑니다. 언덕에서는 말에서 내려 걷기도 합니다. 승마가 끝나면 그들은 마부에게 말을 맡기고 언덕을 내려가 샘물을 마십니다.

돌아가는 길은 자유의 몫입니다. 약 8킬로미터를 걸어서 돌아가야 합니다. 이 일을 처음 경험하는 사람들은 빌고, 간청하고, 급기야는 욕까지 합니다. 베테랑들은 그 장면을 웃으면서 바라봅니다.

숙소에 도착하면 다시 목욕을 한 뒤 옷을 잘 갖춰 입고 저녁 식사를 합니다. 식사를 마친 뒤에는 한 시간 동안 산책을 합니다. '산책'은 초원을 지나 숲을 통과하고, 냇가를 건너는 느리고 긴 노정입니다. 저녁은 무엇이라도 먹을 수 있을 만큼 시장하고 피로할 때 제공됩니다. 아무리 기진맥진해도 먹을 것 앞에서는 기운이 나기 때문입니다.

이쯤에서 포기하는 사람이 생깁니다. 그들은 마부에게 자신을 손수레에 태워 마을까지 데려다 달라며 뇌물을 건네기도 합니다. 그러나 이틀을 버텼다면 그다음 이틀도 견딜 수 있습니다.

지치고, 피곤하고, 몸이 뻐근해진 당신은 스스로가 어리석게 여겨질지 모릅니다. 하지만 이것은 기분 좋은 어리석음이지, 불안이나 공포로부터 생겨난 어리석음이 아닙니다.

신체 활동은 일정 부분 정신을 흥분시킵니다. 꾸준히 야외 활동을 하고 겨울잠을 자듯 정신을 이완시켜야 합니다. 운동은 투자입니다. 에너지를 확장시키는 것만이 더 많은 에너지를 돌려받는 길입니다. 150달러를 벌기 위해 100달러를 지불하는 것과 같은 이치입니다.

신체 활동이란 휴식을 취하고 이완할 수 있는 곳에 봄을 배치하는 것입니다.

몸은 축전지입니다. 잠재 에너지로 전지를 채우기 위해서는 반드시 휴식을 취해야 합니다. 완벽한 휴식은 야외에서의 적당한 운동 이후 최고의 상태로 다가옵니다.

멀둔의 역할은 사람들의 몸을 피곤하게 만들어 저절로 휴식을 취하고 이완할 수 있는 언덕으로 데려가는 것뿐입니다. 그는 자신이 무엇을 하고 있는지 정확히 알고 있습니다. 그는 사람들을 죽을 것 같은 고통으로 몰아넣지만, 신기하게도 그 때문에 죽는 사람은 단 한 명도 없습니다. 죽는 사람이 있다면 그들은 자신의 무력함을 고치기 위해 멀둔의 도움을 받을 의지조차 없는 사람들입니다. 그런 사람들은 이미 도망을 쳤을 것입니다. 약병에 든 것을 꿀꺽 삼키는 일에만 익숙한 사람은 안마사를 고용합니다. 그러나 모든 일에는 대가가 필요합니다. 건강해지려면 의지를 키우고 에너지를 소비해야 합니다.

우리는 이미 알고 있습니다. 삶을 조직화하려는 의지만 갖고 있어도 우리 모두 100세까지 살 수 있다는 것을. 단, 고물차를 타지 않는다면 말입니다.

회사의 이익이
곧 당신의 이익입니다

'누군가'가 될 정도로 큰 인물은 기꺼이
아무것도 아닌 사람이 되려 한다는 것도 기억하십시오.

○

작은 호텔에서는 종종 프런트 직원을 호텔의 간판으로 내세웁니다. 하지만 큰 사업체는 공동 목표를 위해 성실하게 일하는 수많은 직원들로 이뤄집니다. 그것은 한 사람의 계획이 아닌, 다수가 운영하는 것입니다.

여객선에는 승무원이 탑승합니다. 거기에 특별한 승무원은 필요치 않습니다. 승무원이 다른 사람으로 바뀌어도 여객선은 평소와 똑같이 바다를 건널 것입니다.

어느 정도의 수준에 이른 기업은 모든 업무를 회사의 이름 아래 진행해야 합니다. 가령 점원이나 직원이 고객과 사적인 관계를 맺고 이득을 취하려는 것은 잘못된 행동입니다. 자신의 이름을 걸고 개인적으로 사업을 하고 싶다면, 회사에서 나와 자신이 하고 싶은 사업을 해야 합니다. 땅콩

가게도 개인적인 사업입니다. 땅콩 장수가 떠나면 가게도 사라지기 때문입니다. 그러나 성공한 기업은 이런 작은 가게와는 다릅니다.

간혹 회사 고객을 자신의 소유로 여기는 세일즈맨이 있습니다. 회사는 공정 거래라는 명예로운 이력이 없으면 살아남을 수 없습니다. 자신이 없으면 회사는 아무것도 아니라고 생각하는 사람들에게 회사는 꾸준한 일감과 높은 급여를 주기 어렵습니다.

회사를 다니는 동안에는 회사원인 자신을 회사에 맞춰야 합니다. 회사를 지키고, 자부심을 갖고, 존중하고, 지지하고, 회사의 관심사를 자신의 관심사로 삼아야 합니다. 그것이 바로 자신을 위한 일이고 이렇게 했을 때 회사에 필요한 사람이 될 수 있습니다.

존슨 씨는 선물과 사적인 편지와 초대, 호의를 받는 일에 익숙했습니다. 그러나 폐 질환이 악화되면서 일을 할 수 없게 되자 그의 고객을 다른 세일즈맨이 담당할 수밖에 없었습니다. 존슨 씨는 매우 화가 났습니다. 회사보다 자신이 먼저였던 그는 작은 이익도 놓치지 않기 위해 계획을 세웠

습니다. 당연히 동료들과의 다툼이 일어났습니다.

직원은 회사와 함께 성장해야 합니다. 작은 이득에 집착하여 고객을 빼돌리겠다고 회사를 위협하는 직원은 정말로 큰 이익을 놓치고 맙니다. 존슨 씨의 몰락은 우체국에서 보낸 사적인 편지에서 시작됩니다. 그의 편지가 고객들을 당황시키고 체제를 흔들 수는 있습니다. 하지만 한 달도 못 되어 그는 완벽하게 모든 이들의 뇌리에서 사라지고 말 것입니다. 그가 다녔던 회사라는 여객선은 여전히 제 길을 항해합니다.

이제 이기주의자는 새로운 직장에서 새로 시작해야 합니다. 그러나 그는 새 직장에서도 자신의 이익을 위해 곧바로 경쟁사와 접촉을 시작합니다. 비난은 그를 고용했던 회사로 돌아가게 마련입니다. 이기주의자는 분리나 이직이 아닌 협동을 통해 승리할 수 있다는 위대한 진리를 간과합니다.

회사의 이익은 곧 당신의 이익입니다. 그렇게 생각하지 않는다면 당신은 이미 미끄럼을 탄 것입니다.

회사에서 무한한 능력을 발휘하는 사람은 파멸의 순간이 찾아와도 사직하거나 도망가지 않습니다. 그들은 불리

한 상황과 정면으로 맞서고 실패라는 불명예를 감수합니다. 날씨가 흐려도 하이킹을 하는 데 문제가 없다고 생각하는 그들은 회사 방침을 잘 이행할 것입니다.

마르크스 사회주의의 약점은 이익은 분배하면서 실패에 대한 책임은 누가 질 것인지 언급하지 않은 데 있습니다. 실패를 책임지는 이가 없다면 나눠 가질 이익이 없다는 것을 기억하십시오. 또한 '누군가'가 될 정도로 큰 인물은 기꺼이 아무것도 아닌 사람이 되려 한다는 것을 기억하십시오.

질투란 가장 사랑하는 이에게
발사하는 증오입니다

질투는 타인을 상처 입히는 대신
질투에 빠진 자기 자신을 가장 심하게 상처 입힙니다.

○

언젠가 한 철도 회사 임원이 내게 이런 질문을 한 적이 있습니다.

"철도 사고 대부분이 왜 일어나는지 아십니까?"

"사고 원인을 물으시는 겁니까? 글쎄요, 기관사가 명령을 어겼기 때문이 아닐까요?"

내가 대답했습니다.

"아니요, 그건 가정 문제 때문입니다. 선생님께서는 명령을 어겨서라고 하셨는데, 그 말도 맞습니다. 하지만 원인은 더 깊은 곳에 있습니다. 기관사가 무엇 때문에 명령을 어기겠습니까? 멈추라는 명령을 듣고도 역을 지나칠 이유가 있을까요? 그를 가장 위태롭게 만드는 것은 바로 자신입니다. 사람들은 이런 일을 사고라고 부르지만, 그건 정확한 표현이 아닙니다. 그것은 정신 상태가 만들어 낸 결과입니다. 작년에 인디애나에서 열차 두 대가 충돌했던 것을 기억하십니까? 그중 한 열차의 기관사였던 남자의 주머니에는 도착역이 적힌 종이가 들어 있었지요. 하지만 그는 그 역을 시속 80킬로미터로 지나쳤습니다. 5분 뒤 열차끼리 큰 충돌이 있었고, 그 결과 54명이 생명을 잃고 20만 달러의 재산 피해를 냈습니다."

철도 회사 임원은 개인적으로 그 기관사를 알고 있었습니다. 그가 전해 준 이야기가 매우 흥미로웠습니다.

그는 아름답고 매력적인 여자와 결혼을 했습니다. 아이는 없었고요. 그의 아내는 피아노를 쳤고, 노래를 부르고, 시를 낭송했습니다. 그녀는 결코 나쁜 여자는 아니었지만, 평범하고 정직한 남자의 사랑만으로 만족할 수 없는 사람이었습니다. 항상 똑똑한 남자들의 찬탄을 갈구했지요.

남편은 아내를 자랑스러워했습니다. 어느 날 저녁, 그는 사랑하는 아내에게 키스를 하고 야간 운행을 위해 집을 나섰습니다. 운행을 위해 차고로 들어가자, 그의 상사는 대통령과 장관이 타기로 한 오전 특별 열차 운행을 위해 그를 대기시켰습니다. 그는 무척 고무되었습니다. 매우 영광스러운 일이었으니까요. 그는 아내에게 그 사실을 알리려고 집으로 달려갔습니다.

하지만 집에 갔을 때 아내는 없었습니다. 시카고 출신 구두 판매원과 극장에 간 것이었습니다. 그는 밖으로 나와 아침이 될 때까지 거리를 걸었습니다. 그의 아내는 그 사실을 전혀 몰랐고, 지금도 모를 것입니다.

그날 이후 그는 전혀 다른 사람이 되었습니다. 그는 나에게 고민을 털어놓았습니다. 그는 제정신이 아니었습니다. 살도 빠지고, 입맛도 잃고, 신경질적이 되었지요. 의사는 그에게 커피를 끊고 담배를 절반으로 줄이도록 권했습니다.

나는 무엇이 문제인지 알고 있었습니다. 그는 질투에 사로잡혔던 것입니다. 내가 그것을 지적하자 그는 반박했습니다.

"내가 질투를 한다고요? 말도 안 되는 소리! 난 그저 그런 바보 같은 여자와 결혼한 나한테 화가 났을 뿐입니다. 그 여자는 어리석은 짓으로 내 심장을 파먹었습니다. 그 사람과는 헤어질 겁니다! 이런! 그런데, 그런데 말이죠, 난 그럴 수가 없어요, 그녀를 사랑하니까!"

그는 우리 철도에서 일하지 않았습니다. 나 같으면 그에게 조절판도 만지지 못하게 했을 겁니다. 절대로! 그가 내 형이라도 못 만지게 했을 것입니다. 앞으로 무슨 일이 일어날지 뻔히 알기 때문이죠. 그는 자신의 열차 아래에서 발견되었습니다. 주머니에는 그가 어긴 명령서가, 시계 속에는 재앙의 원인이 된 아내의 사진이 들어 있었습니다. 그의 아내는 결코 자신이 사고의 원인이란 생각은 하지 못할 겁니다. 그녀는 검은색 상복을 입고, 흰색 주름 장식이 달린 앙증맞은 검은색 모자를 썼습니다. 그녀는 세상에서 가장 매혹적인 미망인이었습니다.

마음이 평온한 남자들만이 안전할 수 있습니다. 가정이 있고, 자신의 일에 몰두하고, 아이를 잘 돌보면서 다른 남자에게 한눈팔지 않고, 비밀을 지니지 않는 아내가 있는 남자 말입니다! 나는 내 직원들을 모두 알고 있습니다. 그중에는 질투심으로 불안해하다가 열차에서 손을 뗀 직원들도 있습니다. 그들을 생각하면 마음이 아프지만, 많은 사람의 안전과 직결되어 있는 열차를 그들에게 맡길 수는 없습니다.

저기 플랫폼 끝에 청색 작업복을 입고 있는 남자가 보이십니까? 저 남자가 이 열차를 몰 기관사입니다. 저 남자는 임무를 잘 완수해야겠다는 생각뿐, 아무런 걱정도 불안도 없습니다. 대단히 똑똑하지는 않지만, 우리를 결코 실망시키지 않을 것입니다. 열차가 출발하여 3킬로미터 정도 가다가 경적을 세 번 울리면, 왼편의 하얀색 오두막집에서 나온 자그마한 여인이 그에게 앞치마를 흔들 것입니다.

그때 차장이 외쳤습니다.

"모두 탑승하세요!"

종이 뗑그렁뗑그렁 울렸습니다. 승객들이 올라타자 열차가 출발했고, 얼마 뒤 도시 변두리에 도착했습니다. 열차는 시속 50킬로미터로 달렸습니다.

열차가 부드럽고 짧게 경적을 세 번 울리고 난 뒤, 나는 하얀색 오두막집과 그 집 현관에 서 있는 한 여인을 보았습니다. 아이들이 그 여인의 치맛자락을 둥그렇게 둘러싸고 있었습니다. 그 여인이 자신의 체크무늬 앞치마를 흔들고 있었습니다!

철도 회사 임원이 말했습니다.

"자, 보십시오. 마음이 안정되어 있으니 절대 명령을 어길 리가 없지요. 어떤 생각에도 사로잡혀 있지 않으니 자기 일을 완수할 수 있습니다! 자신이 평화로우면 세상도 평화롭게 만들 수 있는 겁니다."

사람들은 자신이 주목한 무언가를 몹시 탐낼 때 질투라는 단어를 자주 사용합니다. 우리는 어떤 이의 재능 혹은 그가 가진 물질을 탐낼 수 있습니다. 어쩌면 그에 대해 편견을 품거나 얕보면서 그 사람을 싫어할 수도 있습니다. 하지만 질투는 다른 문제입니다. 질투는 고도로 조직된 배타적 소유욕, 극도로 예민한 심리 상태, 분노와는 다릅니다.

실제로 강인해 보이는 사람이 더 많이 질투에 빠지고, 가장 인내심 강한 사람이 가장 치명적인 형태로 질투를 증명해 보이기도 합니다. 인간의 마음을 잘 꿰뚫었던 셰익스피어도 질투의 실체를 우리에게 보여 주었습니다. 희곡 《오셀로》는 이런 애착 증세를 생생히 묘사했습니다. 인간 오셀로는 '신경 과민'으로 고통 받는 사람이 아니었습니다. 그는 위대하고, 침착하고, 자부심이 강한 사람입니다. 건강하고, 솔직하고, 신뢰할 수 있고, 진실하고, 천진한 자신감으로 가득했습니다.

하지만 오셀로는 남자였습니다. 힘이 세고, 섹스에 능숙한 남자. 이런 남자가 얼마나 잘 흥분하는지 알 것입니다!

오셀로의 지성은 이아고의 냉담하고 계산적인 뇌의 적수가 되지 못했습니다. 그는 음모로 가득한 영혼 없는 악당에게 조종되어 사랑하는 데스데모나에게 증오심을 품고, 세상에서 가장 사랑하는 사람을 살해했습니다. 강렬한 기질을 가진 이들은 쉽게 질투에 사로잡힙니다. 연약한 기질을 가진 사람들은 이에 무심합니다. 그들은 애정의 대상을 쉽게 바꿉니다. 그러니 마음을 줘야 할 대상도 별로 없습니다. 변화는 쉽게 일어나고, 과거는 망각됩니다. 그러나 강한 기질을 가진 이들은 연인에게 자신을 던지고, 그들이 만든 끈으로 서로의 영혼을 강철 고리처럼 단단히 묶습니다. 그런 사람들에게 사랑은 결코 가벼운 문제가 아닙니다.

질투는 사랑의 완벽한 전도 현상처럼 보입니다. 그것은 적도 부근의 뜨거움을 북극의 냉기로 바꿔 놓습니다.

나는 무도회장에서 자리에 앉아 쾌활하게 대화를 나누던 여인을 본 적이 있습니다. 그녀의 얼굴은 선한 의지와 온화함으로 빛나고 있었습니다. 왈츠가 연주되자 많은 커플들이 몽환적인 리듬 속으로 미끄러지며 우리 앞을 지나갔습니다.

"정말 아름다워요."

그녀가 내게 말했습니다.

그때, 한 남녀가 얼굴이 닿을 정도로 끌어안은 상태로 이야기를 나누며 무도회장을 빙 돌았습니다. 그들을 보고 여자는 벌떡 일어났다가 풀썩 주저앉았습니다. 입술에서 핏기가 사라지고, 눈빛이 흐릿해졌습니다. 아름다운 얼굴에는 비애가 서려 있었습니다. 끔찍한 고통이 그녀의 가슴을 짓눌렀습니다. 미소로 분노를 숨기려 했지만, 일그러진 미소는 슬픔의 다른 표현이었습니다. 메두사 같은 얼굴에 미소가 얼어붙어 있었습니다.

"제 마차를 불러 주세요. 몸이 별로 좋지 않네요."

그녀가 쉰 목소리로 말했습니다.

그녀는 집에 도착해 방문을 잠근 뒤 옷도 갈아입지 않고 침대에 몸을 던졌습니다. 다음 날 아침 그녀는 반쯤 정신을 잃은 상태로 발견되었습니다.

그녀가 다시 외출할 수 있기까지 꼬박 6주가 걸렸습니다. 그녀에게 찾아온 질투성 발작은 남편이 다른 여성과 춤추는 장면을 보는 순간 일어났습니다. 그 장면은 여인의 영혼에 존재하는 수많은 감정을 억눌렀습니다. 만약 그녀가 힘이 셌다면 그 자리에서 남편과 그 여자를 발로 짓밟았을 것입니다.

그녀에게 질투를 해야 할 진짜 '이유'가 있었을까요? 공기처럼 보이지 않는 이유들이 질투하는 사람들에게 성서와 같은 강력한 확신을 심어 줍니다. 아내에게 이런 끔찍한 고통을 안겨 준 남편은 그저 어리석고 순진했을 수도 있습니다. 어쩌면 악의를 갖고 그런 행동을 했을지도 모릅니다. 가책을 느꼈을 수도 있고, 아무 생각이 없었을지도 모릅니다. 정확한 이유는 알지 못합니다. 내가 말하는 것은 현상에 관한 것입니다.

몇 달 전, 신시내티Cincinnati에서 침대차 짐꾼이 아내를 죽이려고 했다는 이유로 구속되었습니다. 당시 남자는 아내에게 면도칼을 휘두르고 있었습니다. 몇 분 뒤에 도움의 손길이 도착하지 않았다면, 여자는 남편의 손에 살해되었을 것입니다. 여자는 병원으로 이송되었고, 남자는 감옥으로 보내졌습니다. 의사들은 여자가 살 수 없을 것이라고 했습니다. 그들은 여자의 상처를 붕대로 감고 가능한 한 편안한 상태에 있게 한 뒤 유언을 적을 공증인을 불렀습니다. 그녀는 이렇게 말했습니다.

"남편은 질투심에 나를 죽이려고 했어요. 하지만 그건 내 잘못이었어요. 다른 남자를 사랑하는 척해서 남편의 질투심을 불러일으켰으니까요. 내가 다른 남자를 사랑한다고 했을 때 남편은 미치기 시작했고, 결국 여기까지 온 거예요. 모두 내 잘못이에요. 죽기 전에 남편에게 용서를 구하고 싶어요."

다음 날 담당 의사는 치안판사를 찾아가 피고인이 환자를 돌본다면 환자가 회복될 것이지만, 피고인이 처벌을 받는다면 환자는 분명 괴로워하다가 죽게 될 것이라는 소견을 밝혔습니다.

판사는 사법과는 거리가 있는 판결을 하기로 정하고, 서약서만 받고 남자를 풀어주었습니다. 남자는 병원에 가서 아내를 간호했고, 한 달도 지나지 않아 부부는 그곳 사람들의 축복을 받으며 행복하게 병원을 나갔습니다.

위대한 지성 괴테는 11년 동안 매일같이 연애편지를 주고받았던 연인 샤를로테 폰 슈타인과 불화를 겪으며 소원해졌습니다. 당시 괴테는 크리스틴이라는 아가씨를 가정부로 들였습니다. 크리스틴은 겨우 스무 살이었고 매력이 있었습니다. 또 친절하고, 천성이 착하고, 강인하고, 건강하고, 쾌활했습니다.

괴테는 크리스틴을 점점 좋아하게 되었습니다. 그녀는 순종적이고, 헌신적이고, 충실했기 때문입니다. 괴테를 거역하지도, 짜증나게 하지도, 괴테에게 비아냥거리지도 않았습니다. 그녀는 괴테의 작품에 대해서도 전혀 알지 못했는데, 괴테는 그러한 점이 괴테를 문학의 경쟁자로 여기는 것보다 낫다고 여겼습니다.

그즈음 크리스틴의 아버지가 딸을 한 자작농과 결혼시키기로 마음먹었습니다. 구혼자가 크리스틴을 보러 온 날, 자부심과 위엄 그 자체인 괴테는 심장의 중심이 바늘에 찔리는 것 같은 괴로움을 느꼈습니다. 그는 입맛을 잃었고, 밤에는 잠을 설쳤습니다. 구혼자가 두 번째로 찾아왔을 때 괴테는 삶의 에너지가 갑자기 전부 소진되어 다시는 회복될 수 없을 것 같은 고통을 느끼며 거리를 헤맸습니다.

크리스틴과 20년을 함께 산 뒤에 괴테는 두 사람 사이의 자식들을 위해 그녀와 결혼했습니다. 그의 행동은 대부분 옳았지만, 항상 이성적인 것은 아니었습니다. 괴테가 크리스틴과 결혼한 것은 사랑 때문이었습니다. 괴테는 그녀의 의심을 걷어 내고 이 사실을 입증하고 싶어 했습니다. 그들이 지적 소양에 있어서는 전적으로 다른 세계에 살았던 것이 확실하지만, 동등하게 만날 수 있는 또 다른 세상이 있었습니다. 괴테는 자기 삶의 일부가 된 이 여인에게 질투심을 느끼고 있었고, 그녀를 자신에게 더욱 확실하게 묶어 놓고자 그녀가 자신의 법적 아내임을 세상에 선언했습니다.

벨뷰 대학에서 병리학 강의를 하는 제임스 브라이스 하워드 박사는 질투가 암을 유발한다고 발표했습니다. 질투가 몸의 순환에 영향을 미친다고 보았기 때문입니다. 의식이 고요하면 순환은 완벽하고 자연스럽게 일어납니다. 분비 기관이 완벽하게 활동하고 모공이 열립니다. 반면에 증오와 불안으로 인한 발작이 휩쓸고 지나가면 심장 박동이 격렬해지고 그 흥분을 감지하기도 전에 사망할 수 있습니

다. 피부가 차가워지고, 모공이 닫히고, 죽음의 열풍이 온몸을 휩쓸고 지나간 것처럼 분비 활동이 정지합니다. 몸의 곳곳에 피가 뭉치면서 열이 오릅니다. 이때 몸은 균형을 회복하기 위해 아주 힘겹게 작동합니다. 순환이 막히면 몸은 각 부분에 더 많은 혈액을 공급함으로써 길을 뚫으려고 애를 씁니다. 이렇게 증가한 영양은 오히려 비정상적인 세포를 만들어 냅니다.

고통을 유발하는 것 중에 질투만큼 괴로운 것도 없습니다. 그것은 의심할수록 자라납니다. 아! 우리는 의심이 독인 것을 알면서도 놓지 못합니다. 그것은 기다리는 중에도, 보는 중에도, 듣는 중에도 존재합니다. 질투가 원하는 증거를 찾는 순간, 고통은 어느 때보다 심해집니다. 증거를 찾아도 괴롭고, 찾지 못해도 괴로운 것입니다.

몸이 고통스러울 때는 재빨리 그 고통에 둔감해지지만, 마음의 고통에 대해서는 단호하지 못합니다. 그렇게 잠을 못 이루며 뒤척이는 밤과, 침체되고 무기력한 나날이 반복됩니다.

사별했을 때에는 죽음에 대한 고결한 생각으로 고요하고도 감상적인 평화가 찾아옵니다. 죽음과 마주했을 때 우리는 선한 것을 떠올리고 그것으로 살아가지만, 질투에 빠졌을 때에는 삶에서 최악의 것들만 생각합니다. 질투란 가장 사랑하는 이에게 발사하는 증오입니다. 그것은 자신의 마음을 좀먹고, 자신을 증오하게 만듭니다. 사랑하는 이에 대한 증오, 의심하는 사람에 대한 증오, 자신에 대한 증오라는 삼각뿔을 형성하는 것입니다. 그래서 질투할 때는 송곳에 찔린 듯 고통스럽습니다.

질투하는 사람은 자신을 공정하게 바라볼 수 없습니다. 자신이 전혀 질투하지 않는다고 단언하고, 자신이 질투한다는 사실을 무시해 버립니다. 질투의 원인을 단순하게 영혼을 산산조각 내는 비극과 비교할 수는 없습니다. 그 어떤 원인도 질투를 설명하는 데 흡족하지 않습니다. 질투를 완벽하게 분석하려면 인간의 마음을 완벽하게 이해해야 하는데, 그런 일은 절대 불가능합니다. 인간의 본성이란 신이 남겨 놓은 위대한 수수께끼이기 때문입니다.

우리는 삶의 모퉁이를 돌 때마다 모순과 역설을 마주합니다. 어쩌다 한 사람의 영혼을 알게 된다 해서 그것이 다른 이들의 영혼까지 이해할 수 있는 지침이 되지는 않습니다. 자연에는 절대 똑같은 것이 존재하지 않기 때문입니다.

한 여성이 한 남성을 지극히 사랑하면서 어떻게 그 남성을 질투의 고통에 빠지게 하는지 설명할 수 있습니까? 순진한 무어인 오셀로가 근거 없는 의심으로 말미암아 무시무시한 증오심을 품고 연인 데스데모나의 목숨을 앗아 간 이유를 어느 누가 설명할 수 있을까요? 영혼을 갈기갈기 찢는 마음의 반란이 일어나는 장소가 어디인지 우리는 추측할 수 없습니다. 쉽게 말하자면, 알지 못합니다.

질투는 폭력도 불사하고 이와 발톱으로 상대방을 물어 뜯어 죽임으로써 강한 것만이 살아남았던 시절의 야만적 본능을 닮았습니다. 그러나 야만적인 증오를 제어한 오늘날, 우리는 타인을 상처 입히는 대신 질투에 빠진 자신을 가장 심하게 상처 입힙니다. 우리는 증오를 받아들여 그것으로 하여금 생명을 갉아먹게 하고, 삶의 모든 원천에 독약을 뿌립니다.

치료는 쉽지 않습니다. 용감한 사람만이 진실과 대면하고 자신을 치유할 수 있는 철학을 세울 수 있습니다. 처음에는 아무도 사랑하지 않고 냉정해지는 상태인 무관심이 만병통치약처럼 여겨지지만, 중요한 것은 질투의 밑바닥까지 내려가 보는 것입니다.

질투하는 사람과는 헤어져야 한다고들 합니다. 그러나 강한 기질의 사람이 약자에게 영향을 미쳐 애타게 하고, 그의 세상을 지옥으로 만든 것에 대하여서는 왜 말하지 않을까요?

기관사가 아내와 헤어질 수 있었다면, 괴테와 크리스틴이 멀리 떨어져 살았다면 서로를 잊고 또 다른 삶을 살 수 있었을 것입니다. 하지만 그들은 헤어지지 않고 함께 살았고, 고통과 분노로 안절부절못했습니다. 살인의 가능성이 있는 상황보다는 차라리 헤어지는 것이 낫습니다.

질투는 서로를 진정으로 필요로 하는 사람들에게도 찾아올 수 있습니다. 그런 경우에는 항상 자신에 대한 불만이 개입되어 있습니다. 자신에게 불만을 가지고 있다고 했을 때 그보다 더 큰 고통이나 불만은 존재하지 않습니다. 그러나 자신에게 솔직하지 못한 우리는 그 원인을 상대방에게로 돌립니다.

솔직히 말하면, 질투에 빠진 사람이 가장 비난하는 대상은 바로 자신입니다. 하지만 이 사실을 알고 있어도 고통이 누그러지지는 않습니다. 기관사는 자신이 좀 더 나은 사람이어서 아내의 마음을 충족시켜 줬더라면 아내가 다른 남자들에게 관심을 갖지 않았을 것이라 생각했습니다. 그러니 그의 문제는 일정 부분 자신에 대한 불만족에 있었습니다. 괴테는 지적인 면에서 크리스틴보다 훨씬 높은 수준에 있었지만, 자신이 그녀를 행복하게 해 주지 못했다고 느꼈습니다. 자신이 행복하게 해 주었다면 크리스틴이 다른 구혼자를 만나지 않았을 것이라 여겼습니다.

현명한 사람은 이런 마음의 비극을 겪게 되었을 때 사기만의 고통에 빠지지 않습니다. 물론 보통 사람들처럼 그도 아파합니다. 하지만 사랑을 하지 않는 방식으로 사랑의 고통에서 도망치는 대신, 오히려 더 많이 사랑합니다. 자신의 사랑을 모든 이에게 전달하는 방법을 찾고, 그것을 우주적인 것으로 만듭니다. 비록 자신의 애정을 특정한 것에 집중시키게 되더라도, 그 안의 좋은 것만 생각하고 나머지 다른 것들에는 작별을 고합니다.

우리는 모두 어리석고, 방탕하고, 합리적이지 못하고, 무절제할 수 있습니다. 그러나 이런 것들이 우리의 영혼을 찢고, 밤새 잠 못 이루게 하고, 인생의 흐름을 뒤틀리게 만드는 것은 아닙니다. 우리가 가슴속에 받아들인 증오 때문입니다. 잘못은 우리의 것이 아니므로 우리는 증오를 받아들이지 않을 것입니다.

영혼은 각자의 중심에 존재합니다. 아내나 자식, 남편, 부모의 어리석은 행동과 타인의 실수는 결코 우리의 것이 될 수 없습니다. 우리는 모두 이 세상에 홀로 왔고, 홀로 살아가며, 홀로 떠납니다. 타인의 그 어떤 실수도 우리에게 영향을 미치지 못한다는 사실을 잊지 말아야 합니다. 신은 우리 편입니다. 우리 자신을 제외한 그 누구도 우리를 다치게 할 수 없습니다. 자신이 옳다는 확신을 가지십시오. 타인의 어리석은 행동에 휘둘리지 마십시오. 무엇보다 벌을 내리는 것은 우리의 몫이 아니라는 사실을 기억하십시오.

"신이 말씀하셨다. 복수는 나의 것이다. 내가 그대로 돌려줄 것이다."

좋은 습관은 당신을 위한
조언자이자 수호천사입니다

습관이 자리 잡지 않았을 때는
사자 새끼처럼 쉽게 다룰 수 있지만,
시간이 흐르면 습관이 당신을 조종하게 됩니다.

○

18세기 말, 토머스 J. 포스터는 펜실베이니아 셰넌도어에서 일간지 편집자로 일했습니다. 그는 평범하고 온건한 삶을 살았습니다. 범죄를 저지른 적도 없고, 자신이 사는 지역을 벗어나지도 않았습니다. 그는 서기, 가게 점원, 교사, 출판업자를 거쳐 편집자가 되었습니다. 이런 자연스러운 진화는 공부 습관을 통해 이뤄진 것이고, 이 습관은 그가 어릴 적부터 습득한 것이었습니다.

사실 사람들은 모두 습관의 조종을 받는다고 할 수 있습니다. 습관이 굳건하게 자리 잡지 않았을 때는 그것을 사자 새끼처럼 쉽게 다룰 수 있지만, 시간이 흐르면 습관이 당신을 조종하게 됩니다.

나쁜 습관은 당신을 지옥의 입구로 이끄는 편도 티켓입

니다. 그러나 좋은 습관은 당신을 위한 조언자이자 수호천사이고 당신이 잠자고 일하고 생각하는 것을 도와주는 하인과 같습니다. 특히 공부 습관은 당신을 보통 사람들과는 다른 사람으로 만들어 줍니다. 공부 습관을 가지면 죽음만이 당신과 그것을 떼어 놓을 수 있습니다. 아니, 어쩌면 죽음도 둘 사이를 갈라 놓지 못할 수 있습니다.

포스터는 공부 습관을 가지고 있었습니다. 쉰 살이 가까워졌을 때 그는 자신의 목표에 도달했을지도 모릅니다. 그러나 포스터에게는 다른 생각이 있었습니다. 그의 모든 인생은 그것에 따라 진행되었습니다.

그 생각은 비극을 거치며 구체화되었으니, 때때로 비극은 축복이 되기도 합니다. 비록 엄청난 대가를 치러야 할지라도 말입니다.

포스터에게는 은행가이자 대규모 탄광 회사를 운영하던 친구가 있었습니다. 그 친구가 몇 명의 친구들을 모아 탄광 시찰을 나갔습니다. 그런데 밤이 되었는데도 시찰단은 돌아오지 않았습니다. 사람들이 시찰단을 마지막으로 본 것은 그들이 탄광에 들어갈 때였습니다.

사실 그 탄광은 광부들이 일하기만 하면 병을 얻어 죽

곤 해서 귀신이 붙었다는 소문이 돌았습니다. 광부들도 들어가기를 꺼려했습니다. 포스터는 친구를 구하기 위해 구조단의 선두에 서서 어두운 땅속으로 내려갔습니다. 더듬거리며 얼마쯤 나아가다가 포스터는 횃불에 모습을 드러낸 친구의 시신을 보았습니다. 친구는 다른 사람을 등에 업고 빠져나오다가 죽음을 맞이한 듯했습니다. 전원 사망이었습니다.

무엇이 그들을 죽음에 이르게 했을까요? 평생을 탄광에서 일한 광부들도 이유를 알지 못했습니다. 그곳은 소리도 들리지 않고, 볼 것도 없고, 냄새도 없는 미스터리한 곳이었습니다. 그것이 그들이 아는 전부였습니다.

하지만 포스터는 그 일이 무지에서 비롯된 일이라는 것을 알았습니다. 모든 결과에는 원인이 있습니다. 원인을 알면 미스터리도, 기적도 아닙니다. 비극이 수년 동안 계속되었고, 많은 사람들이 희생되었습니다. 죽지 않은 사람들은 탄광 회사에서 그 탄광굴을 막아 주기만 기다렸고, 비통에 빠진 가족들에 대해서는 금세 잊었습니다.

하지만 포스터는 광부들의 목숨이 달린 일이라 판단하고 미국인들에게 보내는 통렬한 사설을 작성했습니다. 탄광 관리자인 현장 감독들이 기술 교육을 충분히 받아 광부들의 생명을 보호할 수 있어야 한다는 내용이었습니다. 결국 이 사설로 인해 탄광 현장 감독들이 작업 과정을 관리할 수 있는 기술 지식을 의무적으로 습득하도록 하는 법률이 통과되었습니다.

처음에는 이 법이 다수의 선한 사람들을 골탕 먹이기로 작정한 것처럼 보여서 어떤 이들은 교육을 거부하기도 했습니다. 그러나 포스터는 적으로 보이는 그들과 싸우는 대신, 그들을 자신의 사무실로 초대해 계획을 설명했습니다. 자신이 지은 책을 보여 주었고, 모든 질문에 성의껏 답했습니다. 그렇게 탄광 현장 감독들을 편집자의 성소에서 매일 저녁 만났습니다. 이 힘센 남자들 대부분은 긴 나눗셈에 질겁했고, 겨우 몇 사람만이 분수 문제를 두고 씨름할 수 있었습니다. 포스터는 낱장에 수업 내용을 정리해서 나누어 주며 인내심과 애정으로 그들의 두려움을 날려 보냈습니다. 수업은 정말 쉬웠습니다. 어떻게 할지 방법을 알면 모든 게 쉬운 법입니다. 수업 과정을 마친 광부들은 두려움에 떨던 때를 떠올리며 웃음을 터뜨리곤 했습니다.

멀리 떨어진 곳에 사는 광부들은 자신이 푼 '산수 문제'

나 '예제'를 우편으로 보내 첨삭 지도를 받았습니다. 포스터의 〈광부 칼럼〉이 효력을 발휘했습니다. 광부 통신 강좌는 1년 만에 펜실베이니아 전역과 웨스트버지니아, 오하이오 외곽까지 퍼졌습니다. 통신 강좌는 광부들의 요구를 충족시켜 주었습니다. 그들은 작업을 하면서 업무 교육을 받았습니다. 정부 시찰단이 필요할 때면 '포스터의 사람들'이 항상 일순위에 올랐습니다.

공부 습관을 갖게 된 사람들은 술집에 오래 머무르지 않았습니다. 그들은 여윳돈이 생기면 책을 샀습니다. 저녁 시간에는 등불을 벗 삼아, 종종 아기 요람을 흔들면서 배운 것을 복습했습니다.

이렇듯 광부 통신 강좌가 성공을 거뒀는데, 다른 분야라고 도전하지 못할 이유가 있을까요? 자신의 생각이 성공한 것에 놀란 포스터는 본격적인 교육 사업을 시작했습니다. 펜실베이니아 스크랜턴에 국제통신학교를 세운 것입니다. 15년 만에 학생 수가 백만 명이 넘어섰습니다. 또 예술, 섬유 산업, 수공예, 상업을 망라하는, 200개가 넘는 강좌를 개설했습니다. 그의 제자들은 인생의 모든 골목에 서 있는 다양한 연령대의 남성과 여성들이었습니다. 그의 학교는 하버드, 예일, 프린스턴, 다트머스 대학이 매년 받아들이는 학생보다 더 많은 학생을 매달 등록시켰습니다.

150개 철도 회사는 포스터의 강좌를 통해 직원들이 고객의 생명과 재산을 더 잘 보호할 수 있도록 했습니다. 수많은 대학이 그와 협력 관계를 맺었고, 그의 강좌와 교재를 사용했습니다. 당시 미국 성인 27명 중 한 명이 국제통신학교의 학생이었습니다.

국제통신학교의 15주년 기념식에 참석한 적이 있습니다. 좋은 음악이 울려 퍼지는 극장에는 의례적인 행사가 진행되었고, 훌륭한 연설들이 이어졌습니다. 우리는 4만 평방미터가 넘는 공간에서 포스터의 생각이 만들어 낸 결과물을 보았습니다.

저녁 연회에는 1,000여 명의 신사와 500여 명의 숙녀가 참석했습니다. 수많은 연회에 참석했지만, 이 파티는 모피 코트를 자랑하고, 술을 마시고, 음란한 이야기를 나누는 분위기와는 거리가 멀었습니다.

청중들은 연설 내용에 공명했습니다. 그곳에는 예리하고, 고상하고, 세련되고, 지적인 분위기가 있었습니다. 자신의 힘으로 일어선 사람들 모두 뭔가 말할 내용이 있었습니다. 그 공간을 통치하는 것은 바커스의 향연이 아닌, 미네르바의 숨결이었습니다. 그들은 활기차게 펼쳐 놓은 생각들을 기분 좋게 음미했습니다! 참석자들은 분위기에 몸과 마음을 일치시켰습니다. 참석자들이 아닌 연설자가 청중과 공명한 것이라 말해도, 모든 진실은 모순도 포용하는 법이니 그것이 아니라며 싸우지는 않겠습니다. 중요한 것은, 이 행사에서 피어난 위트와 지혜, 영혼의 교감이 15년 전 한 생각을 품고 실행에 옮긴 편집자 토머스 J. 포스터가 제공한 것이라는 사실이었습니다.

정의는 폭력을 통해
성취되지 않습니다

전쟁은 누가 더 강한지를 증명할지는 몰라도
누가 정의로운지를 증명하지는 못합니다.

○

캐나다와 미국 사이, 세인트로렌스 강
에서 수피리어 호에 이르는 해안선은 약 3,200킬로미터에
달합니다. 1812년에 미국 쪽에 크고 작은 46개의 요새가
배치되었고, 당시 영국의 식민지였던 캐나다에도 같은 숫
자의 요새가 배치되었습니다.

한때는 나이아가라 요새에 6,000개의 부대가 주둔하고,
그레이트 호에는 전투력이 좋은 선박이 100여 척이나 정
박해 있었습니다. 그것도 평화를 위한다는 명목으로 말입
니다.

영국과 벌인 에이레 호에서의 소규모 전투에서 당시 무
모한 스물일곱 살 청년이던 페리 제독은 영국 함선 6척을
포획하고 300명을 살해했습니다. 이 전투 전에는 영국이

미국 함선 10척을 파괴하고 미국인 200명을 살해했습니다.

1812년, 전쟁이 끝난 뒤 미국과 영국은 평화를 선언했지만 양측 모두 요새를 강화하고 군함을 구축하느라 정신이 없었습니다. 워터타운, 코니, 에이레, 포트 휴런, 클리블랜드, 디트로이트에는 조선소가 세워지고 수백 명의 노동자들이 밤낮없이 배를 만드는 작업을 계속했습니다. 전쟁이 절박해서가 아니라 당시 정치가들이 '전시 대비'가 충분치 않다고 여겼기 때문입니다. 캐나다도 상황은 매우 비슷했습니다.

그런 와중에 워싱턴에서 매우 조용하게 두 남자가 만나서 협정을 맺었습니다. 한 사람은 미국 국무장관 대행인 필라델피아의 리처드 러시였고, 다른 한 사람은 주미 영국 대사 찰스 배것이었습니다. 퀘이커파인 러시는 당연히 전쟁을 반대하는 입장이었고, 수많은 전쟁을 목격했던 배것은 전쟁이 영광스럽지도 즐겁지도 않다는 사실을 간파하고 있었습니다.

러시는 자신이 주도한 협정에 대한 비망록을 작성하였습니다. 문서는 종이 한 장으로 되어 있고, 날짜는 1817년 4월 28일이라고 적혀 있습니다.

여기에 그 내용을 소개하겠습니다.

지금부터 그레이트 호The Great Lakes에 정박하고 있는 양측 해군 부대는 다음의 군함들로 제한된다.

— 온타리오 호에는 군함 1척만 허용되며, 여기에는 짐 100톤, 선원 20명, 18파운드 대포만 실을 수 있다.

— 어퍼 호Upper Lake에는 군함 2척이 허용되며, 세부 사항은 위와 동일하다.

— 챔플레인 호Lake Champlain에는 동일한 크기에 동일한 군사력이 비치된 군함 1척이 허용된다.

— 그 밖의 모든 군함들은 즉각 철수하고, 그 어떤 군함도 세인트로렌스 강이나 그레이트 호를 따라 정박하거나 무장해서는 안 된다.

이 협정은 큰 영향력을 발휘했습니다. 두 나라가 단번에 무장 해제를 한 것입니다. 협정에 대해 양측 모두 만족했고, 실제로 매우 자연스럽게 협정을 받아들였습니다. 우리가 아는 한 이 협정은 영원히 지속될 것입니다.

국경선의 요새들이 유지되고 군함들이 오가는 상태에

서 100여 년 동안 전투가 벌어지지 않았다면 그것 자체만으로도 기적입니다.

협정 이전의 미국과 영국은 요새가 있다는 사실만으로도 전쟁에 돌입하곤 했습니다. 적개심을 쉽게 표출하던 시절에는 캐나다와 수차례 언쟁을 벌이기도 했습니다. 권총을 소지한 사람들이 그것을 사용해야 하는 이유를 찾듯이, 대규모 군대를 가진 나라들은 핑곗거리가 주어질 때마다 그것이 잘 작동하는지 확인하려 할 것입니다.

전쟁이나 군복무의 가장 큰 단점은 인간을 파괴한다는 것입니다. 전쟁 이후에는 수많은 사람들이 허약해지거나, 갑자기 늙거나, 몸에 이상이 생깁니다.

전쟁을 함에 있어 가장 두려운 점은 전쟁터나 병원에서 목숨을 잃는 것만이 아닙니다. 병에 걸려 사기가 꺾인 채 송환되어 그 병을 타인에게 옮기거나, 심지어 태어나지 않은 후세에게 그 병을 물려줄 수 있다는 사실이야말로 정말로 무시무시한 것입니다.

무장을 해제하지 못하는 것은 불안, 탐욕, 허영 때문입니다. 하지만 세상의 분별력 있는 사람들은 전쟁을 없애자는 인류의 사라지지 않는 요구를 숙고하기 시작했습니다.

전쟁은 누가 더 강한지를 증명할지는 몰라도 누가 정의로운지를 증명하지는 못합니다. 정의는 폭력을 통해 성취되지 않습니다.

문명인이 미개하다고 여기기 쉬운 인디언 부족들 사이에도 배려와 정의, 윤리가 존재합니다. 미국 인디언은 여성을 함부로 대하지 않고, 어린이를 학대하지 않습니다. 그들은 체벌을 좋아하지 않습니다. 인디언들도 그들만의 황금 법칙을 갖고 있는 것입니다. 때때로 이 황금 법칙이 가족이나 부족원에게만 적용됩니다. 우리의 황금 법칙이 타국에는 적용되지 않는 것과 마찬가지로 말입니다.

나는 이 황금 법칙이 우리나라, 우리 문화권에만 적용되는 것이 아니라 온 세상에 널리 적용되기를 바랍니다.

'기독교인'이라고 떠들고 다니면서 다른 국가에 공공연히 폭력을 행사하는 건 모순입니다. 이는 너무나 명백해 이를 두고 토론을 벌인다는 것 자체가 부끄럽습니다.

영국과 미국 사이에 군사력을 제한하는 '협정'이 100년 동안 지속되는 일이 가능했다면, 다른 강대국들도 역시 그렇게 할 수 있지 않을까요? 국가는 더 이상 개인보다 미개해서는 안 됩니다.

당신은 자부심을
가지십시오

뿔닭 씨는 하늘에 있는 매를 쫓아냈고
씨앗과 벌레를 잡아서 아내와 자식들 앞에 놓았습니다.
그는 내가 본 가장 분주하고 행복한 새였습니다.

○

　　　　　　　1년 전쯤에 나는 런던의 《팔 말 가제
트Pall Mall Gazette》에 칼럼을 쓴 적이 있습니다.

　2기니만 있으면 부활 특권과 함께 90년 동안 죽지 않는
미국 불사신 협회에 합류할 수 있습니다. 우리 미국인
형제들은 참 기이하고 잘 속아 넘어가는 사람들이죠.

　그리고 몇 주 뒤, 캘러머 주에서 한 남자가 내게 이런
편지를 보냈습니다.

　미국 불사신 협회에 제 이름을 등록해 주십시오. 2기니
를 보내겠습니다.

편지에는 돈이 들어 있지 않았습니다. 그런데 그날 오후, 암수 뿔닭guinea fowl 두 마리가 든 박스가 도착했습니다. 무시무시하지요?

뿔닭은 짝을 맺고 죽음이 그들을 갈라 놓을 때까지 서로에게 진실하고 충실합니다. 미시간 남자가 보낸 뿔닭 두 마리는 몸에 딱 맞는 양장을 입은 것처럼 매우 우아했습니다. 나는 뿔닭들을 로이크로프트 농장으로 보내 매를 쫓는 일을 시켰습니다.

뿔닭은 매처럼 커다란 새가 주변을 날아다니는 것을 보는 즉시 위급 상황임을 알립니다. 그러면 다른 새들은 숨을 곳을 찾아 부지런히 달아나지요. 뿔닭은 문 위로 날아올라 (커다란 새에게) 완강하게 저항하며 거친 소리를 쉴 새 없이 쏟아 냅니다. 깃털 달린 새 중에 뿔닭과 같은 언어를 가진 새는 없습니다. 그것은 너무나 불경스러워서 따라 할 수조차 없습니다. 뿔닭의 부리에서는 욕, 조롱, 풍자, 저주가 불길처럼 쏟아져 나옵니다.

뿔닭이 흥분해서 지르는 소리는 1, 2킬로미터 떨어진 곳에서도 들을 수 있습니다. 이성과 친밀해지기 직전에는 수컷 뿔닭이 시끄러운 소리를 내지만, 그 수컷과 짝이 된

암컷 뿔닭 역시 정치적, 사회적, 종교적 왕후로서 자신의 감정을 시끄럽게 표출합니다.

외부의 소란은 뿔닭에게 안락한 평화로 변모합니다. 뿔닭은 불안을 불식시킨다는 점에서는 인간을 능가합니다. 그는 다른 새들을 위해 경고음을 내지만, 자신은 전 주인인 퍼지워지fuzzy-wuzzy, 수단 지방의 원주민를 닮아서 겁이 없습니다.

뿔닭 씨는 헛간 앞마당의 두목이었습니다. 용기 있게 행동하기 전 그는 언제나 신중히 숙고합니다. 숙고를 마친 뿔닭 씨는 영국산 불도그에게 싸움을 겁니다. 불도그가 자신의 힘을 믿는다면 뿔닭을 이기거나 적어도 앞마당에 들어갈 수 있겠지만, 뿔닭이 자신의 혈통에 대해 늘어놓는 악담을 그대로 믿어 버린다면 싸울 의욕을 잃고 뒷걸음칠 것입니다.

6월쯤에 뿔닭 한 마리가 사라졌습니다. 남은 한 마리는 짝을 찾아다니다가 지쳐 버린 외로운 뿔닭이 되었습니다. 그는 헛간 마룻대 위로 날아올라 울부짖었습니다. 안쓰럽기가 이를 데 없었지요. 우리는 짝이 죽었거나 누군가가 짝을 훔쳐 간 것이 틀림없다고 생각했습니다.

그런데 어느 날 놀랍게도 뿔닭 두 마리가 헛간에서 800

미터 떨어진 그루터기에서 나왔습니다. 가까이 가서 보니 그들 옆에 갈색 덩어리들이 함께 움직이고 있었지요.

내가 가까이 다가가자 뿔닭 씨가 시끄럽게 울며 소리를 질렀습니다.

"다리 밑으로!"

그러자 갈색의 그 작은 덩어리들이 사라져 버렸습니다. 나는 한 발짝도 떼지 않고 가만히 서 있었습니다. 5분쯤 뒤에 뿔닭 씨가 여섯 번째 꼬꼬 소리를 냈습니다.

"이제 안전하니 밖으로 나와도 좋다!"

마당은 새끼 뿔닭들로 활기가 넘쳤습니다. 새끼 뿔닭들의 몸에는 솜털이 보송보송했습니다.

나는 한 시간 동안 그들을 관찰했습니다. 뿔닭 씨는 단조로운 음성으로 중얼거리면서 새끼들 주변을 맴돌았습니다. 그렇게 자랑스럽고 거만한 소리는 처음 들었습니다! 그는 민족 자멸을 일축했고, 산아 제한을 주장했던 영국의 경제학자 맬서스를 조롱했습니다.

"이 나라에는 더 많은 뿔닭들이 필요하다."

그는 고요하게 꼬꼬댁거리며 선언했습니다. 그는 하늘에 있는 매를 쫓아냈고 씨앗과 벌레를 잡아서 아내와 자식들 앞에 놓았습니다.

그는 내가 본 가장 분주하고 행복한 새였습니다. 해가 질 무렵 그는 나무 위에서 파티를 열었습니다. 뿔닭 부부가 앉아 있고 그 밑으로 새끼들이 모여 있었습니다.

새끼를 기르는 일에 있어서 뿔닭 씨와 뿔닭 부인은 현명하고 믿음직스러웠습니다. 새끼들도 똑똑하기는 마찬가지였습니다.

내가 뿔닭들을 다시 본 것은 한 달이 지나서였습니다. 뿔닭 씨, 뿔닭 부인, 그리고 붉은 발과 부리를 가진 열여덟 마리의 새끼 뿔닭들이 헛간 마당으로 들어왔습니다. 그들은 인디애나 메추라기(약 18~20센티미터)만큼 몸집이 커졌습니다. 모두들 쏙 닮았고, 훈련을 잘 받았는지 줄을 잘 맞춰서 이동했지요.

뿔닭 씨는 빙빙 돌면서 부스러진 옥수수와 밀을 달라고 소리쳤습니다. 우리는 명령을 따르느라 급히 서둘렀고, 20마리 뿔닭들이 배불리 먹을 수 있는 먹이를 준비했습니다.

만족스럽게 먹은 뒤 뿔닭 가족은 울타리 위로 날아올랐습니다. 뿔닭 부부가 판자 맨 위를 걸었고, 그 뒤로 새끼 뿔닭들이 300미터 높이의 낮은 판자 위에서 서로 몸을 부딪

치며 걸었습니다.

다음 날 새끼들은 두 번째 판자 위를 걷기 시작했습니다. 힘이 세진 열여덟 마리 새끼들이 붉은 부리를 한곳으로 집중시키고 똑바로 걸어 나갔지요.

셋째 날에 그들은 세 번째 판자에 올라가려고 시도했고, 금요일에는 한 마리의 낙오자도 없이 꼭대기 판자를 정복했습니다. 일주일 뒤에는 뿔닭 식구 모두 헛간 지붕 꼭대기에 앉아 비록 화음은 맞지 않아도 즐겁게 울어 대고 있었습니다. 매일 밤 해가 질 때마다 그들은 마룻대에 앉아 저녁 기도를 올렸고, 아침에는 지난밤을 보낸 나무에서 아침 기도를 드렸습니다.

전날 새벽 2시쯤 나는 뿔닭 가족이 한꺼번에 울부짖는 소리에 잠에서 깼습니다. 《아라비안나이트》의 알리바바가 내 귀에 대고 소리쳤습니다.

"빨리 일어나지 않고 뭐 해? 무슨 일이 벌어졌다고 뿔닭들이 외치는 소리가 안 들려?"

나는 침대에서 빠져나와 급히 바지를 입고 문 밖으로 나갔습니다. 밖은 칠흑같이 어두웠습니다.

"닭장에 문제가 있는 것 같아!"

바바가 말했습니다. 우리는 닭장으로 향했습니다. 닭장 문이 열려 있었습니다. 순간, 어떤 남자가 튀어나와 도망치려는 것을 붙잡다가 놓쳐 버렸습니다.

바바와 나는 열심히 그를 쫓았습니다. 알리가 턱을 덮은 천에 걸려 풀밭에 넘어지지만 않았어도 그 남자를 잡을 수 있었을 것입니다. 남자는 밑으로 뛰어 내려가면서 뿔닭들이 나무 꼭대기에서 울 때 내는 소리만큼이나 볼썽사나운 말을 퍼부었습니다.

우리가 뒤쫓던 어두운 형상은 울타리에서 굴러떨어져 곡물 더미 속으로 사라지고 말았습니다. 바로 그 순간, 뿔닭들이 동시에 소리를 질렀습니다.

우리는 랜턴을 비추다가 남자가 놓친 커다란 가방을 발견했습니다. 끈을 풀자 내가 가장 좋아하는 플리머스록 닭 여섯 마리가 가방 밖으로 날아올랐습니다.

우리는 뿔닭 씨가 외치는 소리를 들었습니다.

"이제 안전하다. 모두 잠자리에 들도록 해!"

그 소리에 불협화음이 일순간에 멈췄습니다. 고요가 모두를 감싸 안은 위대한 밤이 내려앉았습니다. 귀뚜라미의 부드러운 소리만이 깨뜨릴 수 있는 침묵이었지요.

아들을 대학에 보낼 수는 있어도
생각하게 만들 수는 없습니다

대학 교육은 그것을 진정 필요로 하는
사람에게만 유용합니다.

○

       개척 시대 중서부 지방은 남자들이 매우 진취적으로 행동할 수 있도록 완벽한 환경을 제공했습니다. 그 시대에는 재화를 얻기 위해 불가피하게 치러야 할 노고와 곤경이 있었지만, 노동자들에 대한 격려와 풍부한 보상 역시 존재했습니다.

    네브래스카에서 성장한 폴 모튼은 건강하고, 열정이 넘치고, 용감한 데다, 주변 사람들과 조화를 이루는 품성까지 지닌 남자였습니다. 그는 곤경을 겪고도 기운을 잃지 않았고, "아무도 그런 것을 시도한 적 없어."라는 타인의 말에도 흔들리지 않았습니다. 철도 노동자였던 그는 한 번도 시도되지 않은 일을 했습니다.

    철도 관리자는 더 나은 계획을 위해서는 기존의 좋은

계획도 미련 없이 버릴 수 있는 사람이어야 합니다. 훌륭한 철도 관리자는 매일 아침 식사 전, 파쇠 더미에 엔진을 파기합니다. 개발해서 실행된 지 얼마 안 된 설비들을 더 나은 기구들로 대체하는 일은 다반사입니다. 그래서 철도 관리자는 매우 유연한 기질을 가진 사람이어야 합니다. 그들은 더 나은 것이 무엇인지 찾고, 그것의 사용 여부를 결정하는 데 단호해야 합니다. 거기에다 인간을 이해하는 능력과 정중하고 아름답게 일할 수 있는 능력을 갖춰야 합니다.

폴 모튼이 바로 그런 사람입니다. 그는 열다섯 살에 철도 회사인 벌링턴 노던 산타페BNSF 사에 사환으로 취직해서 1년 만에 서기가 되었고, 이후 서기장, 부서 관리장의 개인 비서, 운송 대리점 사무차장, 운수 관리자를 거쳐 전세계 최대 규모의 철도 회사 중 한 곳의 실질적인 관리자가 되었습니다. 또한 그는 루스벨트 대통령 내각에서 일하기도 했습니다. 아마도 그가 더 큰 역경이 예상되는 제안을 택하지 않았다면 그 자리에 안착했을 것입니다.

폴 모튼에 대한 이야기는 이 정도로 충분합니다. 이제는 그처럼 강하고, 미지에 대한 두려움이 없고, 대중이 범하는 오류를 범하지 않으며, 근거 없는 걱정거리를 피하면서도, 결국에는 밧줄을 부여잡고 살려 달라고 외치는 남자에 대해 이야기하겠습니다.

"대학 교육에 대해 어떻게 생각하십니까?"

편집자가 물었습니다. 폴 모튼은 고개를 숙이고 손가락을 입술에 댄 채 대답했습니다.

"제 인생에서 대학을 가지 못한 것이 가장 후회스럽습니다!"

폴 모튼 씨, 왜 이렇게 대답한 것입니까? 당신은 사환으로 입사한 것이 당신 인생의 시작이었다는 것을 잘 알고 있습니다. 당신에게 필요한 모든 교육, 당신의 일에 활용할 수 있는 모든 것을 사회에서 교육받았다는 사실 또한 알고 있습니다.

왜 이런 케케묵은 대답을 했습니까? 왜 대학 교육이 그것을 진정 필요로 하는 사람에게만 유용하다고 말하지 않는 겁니까?

아, 알겠습니다. 당신이 대학에 가지 않고 어린 나이에 철도 회사에 들어간 것이 후회스럽다고 말한 것은 대학 때문에 철도 회사를 그만두기에는 그 일이 너무 자랑스럽고,

군이 대학에 들어가기에 당신은 너무 똑똑하다는 것을 부각시키기 위한 것이었습니다.

당신은 반어법으로 쇳물에 푹 잠겨 있던 그 미묘한 문제를 꺼내고 있었던 것입니다.

네, 잘 알겠습니다!

인간의 생명을 빼앗는 것처럼 비열한 짓은 없습니다

국가가 적을 죽이는 선례를 만들면
개인 또한 자신의 적을 죽이게 될 것입니다.

○

　　　　　한때 프랑스 대통령의 즐거운 임무 가운데 하나는 국가가 내린 사형 집행 영장에 서명하는 것이었다고 합니다. 그럴 수도 있겠습니다.

　　그러나 아르망 팔리에르Clément Armand Fallières, 프랑스의 제11대 대통령는 제도에 약간의 변화가 필요하다고 역설했습니다. 같은 인간에게 죽음을 선고하는 판사가 사형 집행인으로서의 역할 또한 이행해야 한다는 것이었습니다. 팔리에르는 그렇게 되면 합법적인 살인이 사라지게 되리라는 것을 간파하고 있었습니다. 그는 말했습니다.

　　"나는 내가 하고 싶지 않은 일을 다른 사람에게 해 달라고 부탁하지 않을 것입니다. 나는 살인을 하지 않을 것입니다. 심지어 국가를 위해서도 그것은 마찬가지입니다."

그래서 팔리에르 대통령은 모든 사형을 무기징역으로 전환했고, 유죄 여부가 조금이라도 의심되는 사람들은 사면시켰습니다. 그는 말했습니다.

"프랑스는 범죄자들을 사형하지 않고 관리할 수 있는 방법을 배워야 합니다. 인간의 생명을 빼앗는 것처럼 비열한 짓은 없습니다. 그것은 우리의 무능함을 부각시킬 뿐입니다."

무기징역수의 경우에도 20년 동안 바르게 행동하고 유익한 노동을 하면 자유를 얻을 수 있다는 희망이 있어야 합니다. 형벌은 수감자를 좋은 사람으로 바꾸기 위한 의도를 분명히 지니고 있어야 합니다. 미국이 국가의 적을 죽이는 선례를 남기는 한, 개인 또한 자신의 적을 죽이게 될 것입니다.

법률이 인도적으로 변모할수록 범죄율은 감소합니다. 살인은 마음에서 시작됩니다. 그것은 선한 사람의 마음속에도 일어날 수 있습니다. 미국이 국민들의 가슴에 살인이라는 씨앗 뿌리기를 멈출 때, 사람을 죽이는 행위뿐만 아니라 죽이고 싶다는 욕망 또한 사라지게 될 것입니다.

형벌을 통한 살인은 갑자기 흥분해서 저지른 살인보다

더 악랄합니다. 잔학한 과정을 거쳐 계획된 것이기 때문입니다. 그것은 어떤 변명으로도 용서될 수 없습니다.

인간의 감정은 이런 합법적 살인에 적대적입니다. 수많은 살인 공판이 익살극으로 바뀌는 것도 바로 그 때문입니다. 사형 집행자는 집행 장소에서 멀리 떨어져 자신은 단지 불을 켜는 깃일 뿐이라고 스스로를 달래며 전류를 작동시킵니다. 명령을 받은 죄수들이 사형을 집행하기도 합니다.

팔리에르 대통령이 사형 집행뿐만 아니라 사형 집행 명령을 거부한 것은 시대정신이 더 나은 곳을 향하고 있음을 보여 주는 것입니다.

사형을 무기징역으로 전환시키는 것에 대해 생각해 보기 바랍니다. 절대 사람을 죽여서는 안 됩니다!

성실한 삶은 진리와 정의,
아름다움으로 향합니다

인간이 되는 것은 위대한 일이지만,
자신의 주인이 되는 것은 더 멋진 일입니다.

○

　　　　　　자연은 야생 사과를 만들어 내지만, 인
간이 없었다면 그것은 절대 피핀종 사과$_{pippin}$로 진화할 수
없었을 것입니다.

　자연은 인간을 만듭니다. 그러나 인간이 자신을 제어하
지 못한다면 야생 사과에 머무를 것입니다. 그래서 자연은
인간에게 협동할 것을 요구합니다. 물론 나는 인간이 자연
의 수준 높은 발현일 뿐이라는 입장을 적극 수용합니다.

　자연은 시간을 알지 못합니다. 시간은 인간들만의 것입
니다. 시간의 덧없는 흐름 때문에 우리는 시간을 가치 있는
것이라 여깁니다. 만약 인생에 끝이 없다면, 우리는 아무것
도 하지 않을 것입니다. 죽음 없는 인생이라니, 소름 끼치
지 않습니까? 그것은 끝이 없는 하루, 밤의 휴식이 존재하

지 않는 하루와 같습니다.

죽음은 변화입니다. 죽음 또한 삶의 한 형태입니다. 성실히 살아갈 때 인간은 삶을 허락받고, 그 삶은 진리와 정의, 아름다움으로 향합니다. 이런 것들이야말로 확장된 시간, 고통 대신 찾아온 행복을 의미합니다.

우리는 인생이 짧다는 것을 깨닫고 일을 하게 되었고, 노동이 우리를 진화시켰습니다. 현명하고 이성적으로 일할 때 인간은 주인이 되고, 이런 습관을 통해 인간은 자신을 믿게 됩니다.

'아니오'라고 말하며 자신의 주장을 고수하는 능력이 클수록 강한 인간입니다. 자신의 삶을 돌아봅시다. 당신을 가장 걱정시키고, 지치게 하고, 괴롭히고, 우울하게 하고, 고통스럽게 만든 것은 무엇이었습니까? 그것은 중요한 시점에서 '아니오'라고 말하지 못하고, 자신의 입장을 지키지 못해서가 아닐까요?

'아니오'라고 말하지 못하는 것은 자신감 부족에서 비롯됩니다.

당신은 타인의 의견에 너무 많은 신경을 쓰고, 정작 자신의 의견에 대해서는 충분히 생각하지 않습니다.

"바로 여기, 친구들 이름 사이에 당신의 이름을 쓰세요. 이건 그냥 형식적인 거예요."

당신은 친구들을 따라 서명을 합니다. 그리고 몇 년 뒤, 당신의 약점 때문에 피눈물을 흘릴 시간이 찾아옵니다.

무력하게 양보하거나 자신과 아무 관계없는 가입서, 계약서 또는 증서에 서명하지 않을 때, 즉 '아니오'라고 말할 때, 당신은 가장 좋은 의견을 말하고 있는 것입니다.

자신감을 키우고 '아니오'라고 말하는 법을 배우십시오. 인간이 되는 것은 위대한 일이지만, 자신의 주인이 되는 것은 더 멋진 일입니다.

그는 모든 면에서
백 점짜리 인간입니다

백 점짜리 인간은 타인의 말보다
일하는 것 자체에 관심을 기울입니다.
그는 구경꾼들을 신경 쓰지 않습니다.

○

           은행가 친구에게 어떤 사람의 신용을 확인했을 때 이런 답장을 받은 적이 있습니다.

"그는 모든 면에서, 자신이 맡은 모든 일에서 백 점짜리 인간이야."

나는 이 전보를 책상 위 잘 보이는 곳에 두었습니다. 그 전보가 머릿속에 자리를 틀었는지, 그날 밤 나는 그 사람의 꿈을 꿨습니다.

다음 날 가까운 친구에게 이 글을 보여 주었습니다.

"나도 누군가가 나를 이런 식으로 소개해 주면 좋겠네."

백 점짜리 인간은 그리 많지 않습니다. 그는 모든 믿음에 진실한 사람입니다. 그는 자신의 말을 지키고, 자신을 고용한 회사에 성실하며, 모욕적 언사에 귀를 기울이거나 욕을 하지 않습니다. 그는 말을 삼가고, 낯선 이에게 무례하게 행동하지 않고, 예의를 지키며, 고용인들을 배려합니다. 그는 식사와 음주를 적절히 하고, 항상 배우려는 자세를 지니고 있으며, 조심스러운 동시에 용감하기도 합니다.

백 점짜리 인간은 여러 재능을 가진 사람일지도 모릅니다. 그러나 변하지 않는 사실은 백 점짜리 인간은 그가 짐마차의 마부이든, 전차 운전사이든, 사무원이든, 계산원이든, 기술자이든, 철도원이든 함께하기 편하고 안전한 사람이라는 것입니다.

편집증 환자들은 과도하게 확장된 자아로 인해 고통 받는 사람들입니다. 그들은 최고의 자리를 차지하기를 바라고, 듣기 좋은 말과 칭찬, 존경을 기대합니다. 또한 그들은 다음 날 아침 신문이 다룰 기사를 걱정해 친절하게도 자살을 감행하기까지 합니다.

편집증 환자는 백 점짜리 인간과 완벽한 대조를 이룹니다. 그는 자신이 부당한 대우를 받고 있다고 상상합니다. 세상이 그를 미워한다는 것이지요. 그는 기이하고, 별나고, 불확실하고, 괴벽스럽고, 엉뚱한 것에 마음을 빼앗깁니다.

백 점짜리 인간은 보통 사람들과 다른 모습을 하고 있

을지도 모릅니다. 옷차림이 다를 수도 있고, 말하는 것이 다를 수도 있습니다. 하지만 그는 자신의 본성에 진실합니다. 그는 언제나 그 자신입니다.

그는 타인의 말보다 일하는 것 자체에 관심을 기울입니다. 구경꾼들을 신경 쓰지 않습니다. 그는 자신의 생각대로 행동하고, 일단 행동하면 많은 생각을 하지 않습니다.

백 점짜리 인간은 어릴 적부터 쓸모 있는 인간이 되기 위해 애쓰고, 돈과 시간을 효율적으로 사용합니다.

반면 편집증 환자는 쉽게 토라지고, 시중을 받으려 하며, 나약하고, 비웃음의 대상이 됩니다.

백 점짜리 인간을 만난다는 것은 재정 상태에 관계없이 자신에게 맞는 적절한 삶을 영위하는 사람을 만난다는 의미입니다. 자신이 세상을 지배하고 있다고 생각하는 사람들, 쾌락을 중요시하는 사람들은 그가 특정 분야에서 엄청난 천재라 하더라도 위험합니다.

백 점짜리 인간은 단 한 사람만을 신경 씁니다. 바로 자기 자신입니다. 그는 자신이 벌지 않은 돈은 쓰지 않고, 빚을 지지 않습니다. 공짜 점심은 없다는 사실을 알고 있고, 타인의 소유물에는 손도 대지 않습니다. 무슨 말을 해야 할지 모를 때, 또는 정확한 내용을 알지 못할 때는 말을 삼갑니다. 우리는 정신적 우월성뿐만 아니라 도덕적 품성 역시 중시해야 합니다. 인생을 살아가는 데 도덕적 자질만큼 중요한 것은 없으니까요.

습관에 매몰되는 사람, 신뢰하기 힘든 인간성을 지닌 사람들이 똑똑하기까지 하면 더 위험합니다. 나는 대학이 똑똑한 사람보다는 신뢰할 수 있는 인간을 만들어 내는 것을 보고 싶습니다. 대학 총장이 서명 위에 당신에 대해 이런 글을 남긴다면 얼마나 뿌듯할까요?

"그는 모든 면에서, 자신이 맡은 모든 일에서 백 점짜리 인간입니다!"

우리의 시대정신은
민감하고 멈추지 않으며
정의를 위해 창조됩니다

벌판에 나가 혼자 게걸스럽게 꿀을 먹고 빈손으로 돌아온 벌은
자신이 뽑은 위원회의 침에 찔려 죽임을 당합니다.

○

　모리스 마테를링크Maurice Maeterlink는 벌 한 마리는 절대로 꿀을 만들 수 없다고 했습니다. 한 마리의 머리에서는 충분한 정도의 정보가 나오지 않기 때문입니다. 벌들은 다른 벌들과 공동의 이익을 위해 일할 때에만 성공할 수 있습니다. 벌집에서 빠져나온 벌 한 마리는 절대적으로 무력하지만, 벌들이 사는 벌집은 매우 위대하고 명확한 목적과 정보를 갖고 있습니다. 마테를링크는 이 정보를 '벌집의 영혼'이라고 했습니다.

　벌판에 나가 혼자 게걸스럽게 꿀을 먹고 빈손으로 돌아온 벌은 재빠르게 죽임을 당합니다. 그것도 자신이 뽑은 위원회의 침에 찔려 죽음을 맞습니다. 벌집의 영혼을 보지 못하고 자신의 이익만을 취하는 벌은 정신 이상 선고를 받고 그 좋은 곳에서 쫓겨나고 맙니다.

만약 우리가 벌과 소통할 수 있어서 꿀을 만드는 이유를 물어본다면 그들은 이렇게 대답할 것입니다.

"꿀을 만드는 것은 내가 그것을 선택했기 때문입니다."

쇼펜하우어가 호박돌bolder을 언덕 아래로 굴렸던 것도 그것이 특별한 즐거움과 만족을 선사했기 때문입니다. 사람들은 어떤 일을 할 때 자신이 선택했다고 생각하지만, 사실은 그것의 강한 매력에 이끌린 것입니다.

인간은 벌과 마찬가지로 자연 법칙의 지배 아래 존재합니다. 동종 단결이라는 위대한 진실을 인식하면서 우리의 정신은 진보하기 시작합니다.

벌에게는 그 어떤 진화도 일어나지 않는 것처럼 보입니다. '벌집의 영혼'이 좁은 한계에 갇혀 있기 때문입니다.

그러나 인간에게 벌집의 영혼, 또는 여러분이 좋아하는 표현대로라면 '시대정신'은 끊임없이 변화하는 정신 그 자체입니다.

고대 아테네는 열네 명의 왕에 의해 통치되었습니다. 그러나 이 왕들은 '시대정신'을 대표하거나, 벌집의 영혼을 만들 수 있을 정도로 강력하지 못했습니다. 그들은 매력적인 종교적 우상들, 즉 화려한 구경거리나 행진 등을 이용해 수많은 정복을 이뤄 냈고, 나라 안에 문제가 생기면 외국에서 전쟁을 일으켜 대중의 관심을 분산시켰습니다.

그리스의 '시대정신'이 종교적 환상과 미신, 유치한 기분으로 과잉될수록 36년 동안 폭동을 저지하는 데 시간을 바친 열네 명의 아테네 왕은 매우 위험한 상황에 놓였습니다.

그들은 자신의 야만을 숨긴 채 오랜 세월에 걸쳐 신전을 세우고 그것을 불멸의 작품이라고 미화했습니다. 그들은 엘리시움Elysium, 축복받은 영웅들의 낙원에 신들의 형상을 세우고, 판테온Pantheon을 제우스의 거주지로 만든다는 세속적인 계획에 영합했습니다.

예술 활동을 통해 자신의 신성을 발견한다는 생각은 당시 사람들의 머리로는 이해할 수 없는 진실이었습니다. 고대 그리스 조각가 페이디아스가 자신의 자화상을 정치가 페리클레스의 자화상과 함께 신성한 방패 위에 놓았을 때 그리스의 영광은 사형을 선고받았습니다.

불만에 찬 웅얼거림은 포효로 자라났습니다. 소크라테스는 독초를 건네받았고, 열네 명의 아테네 왕은 살해당하거나 재산을 강탈당하고, 명예를 실추당한 채 추방당했습니다.

'시대정신'은 자신의 길을 갖고 있습니다. 소크라테스, 유클리드, 페리클레스, 페이디아스, 헤로도토스, 엠페도클레스, 소포클레스는 아우구스투스 시대 예루살렘의 예수가 '시대정신'을 상징했던 것만큼 아테네에 존재했던 '벌집의 영혼'을 상징하지 못했습니다.

사보나롤라, 틴들, 후스, 위클리프, 조지 위샤트는 모두 시대정신을 위해 목숨을 바친 순교자들입니다.

그러나 소크라테스, 예수, 사보나롤라, 존 브라운 등 자유를 위해 목숨을 바친 걸출한 인물들의 죽음은 결코 헛되지 않습니다. 그들이 죽어서 우리가 산 것일 수 있으니 말입니다. 물감 한 방울이 물 한 통을 물들이듯 순교자의 피가 시대의 정신을 물들였고, 그것이 없었으면 구하지 못했을 이전과는 다른 '시대정신'을 우리에게 선사했습니다.

링컨의 죽음은 살아서는 만들 수 없는 공감을 만들어냈고, 그 시대 모든 남부 사람들로 하여금 그의 주장의 정당성을 인정하게 만들었습니다.

'시대정신'과 동화될 수 없는 교리를 설파하는 선각자

나 예언자들은 죽음을 맞습니다. 교리를 설교하거나 그 시대의 정신에 반대되는 행동을 하는 사람은 국가의 적, 사회의 악으로 간주되어 처형당합니다. 그가 법을 지키는지의 여부는 중요하지 않습니다.

세상의 모든 구세주들은 한 치의 예외도 없이 강도들의 칼에 처형되었습니다. 지금 우리가 누리고 있는 모든 표현의 자유는 피로 물든 과거가 남겨 준 소중한 유산인 것입니다. 그들의 업적이 결코 헛되지 않았다는 사실을 아는 것이 바로 우리 살아 있는 자들의 몫입니다.

우리는 벌집의 영혼으로 정직하게 꿀을 만들었고 꿀의 품질 또한 만족스럽지만, 아테네 히메투스 산의 꿀은 열네 명의 내밀한 계획과 묵인으로 만들어졌습니다.

역사 속에서 우리의 시대정신은 독보적입니다. 우리에게는 수천 개의 위대하고 고귀한 생각을 갖고서 훌륭하고 멋진 일을 하는 수천 명의 남녀가 있습니다.

우리의 '시대정신'은 민감하고, 멈추지 않으며, 기민하고, 감성적이고, 진보적인 데다, 정의를 위해 창조되고 있습니다. 지금 있는 것보다 더 나은 종교를 상상할 수 있는 사람은 자신의 비전을 영화 속 이야기로 만들 수 있고, 지금의 정부보다 더 나은 정부를 상상할 수 있는 사람은 고통에 빠지기보다 자신의 꿈을 여러 방식으로 표현해 낼 수 있습니다.

여론은 군림합니다. 그 어떤 법도 '시대정신'에 반대하여 집행될 수 없습니다. 판사들은 시대의 정신에 맞게 법을 번역하고 해석합니다.

크고 분명하게 자신의 목소리를 내는 사람들은 모두 '시대정신'에 색을 입히고 있습니다. 자신이 진실이라고 생각하는 것을 말하는 사람들은 모두 시대의 정신을 변화시키고 있는 것입니다. 생각하는 사람들은 타인을 생각하게 만듭니다. 타인에게 생각의 틀을 만들어 주는 것입니다. 온전히 혼자서만 글을 쓰거나 생각하는 사람은 없습니다. 생각은 허공에 존재하지만, 실재하는 시대의 정신을 창조하기 위해서는 생각의 표현이 필수입니다. 글을 쓰는 사상가, 또는 생각하는 작가의 가치는 사람들에게 논쟁거리를 제공하는지, 혹은 그렇지 않은지에 달려 있습니다.

적당히 살아가는 당신에게

초판 1쇄 인쇄 2016년 9월 7일
초판 1쇄 발행 2016년 9월 21일

지은이 | 엘버트 허버드
옮긴이 | 송정은
펴낸이 | 한순 이희섭
펴낸곳 | (주)도서출판 나무생각
편집 | 양미애 양예주
디자인 | 오은영
마케팅 | 박용상 이재석
출판등록 | 1999년 8월 19일 제1999-000112호
주소 | 서울특별시 마포구 월드컵로 70-4(서교동) 1F
전화 | 02)334-3339, 3308, 3361
팩스 | 02)334-3318
이메일 | tree3339@hanmail.net
홈페이지 | www.namubook.co.kr
트위터 ID | @namubook

ISBN 979-11-86688-59-5 03300

이 도서의 국립중앙도서관 출판예정도서목록(CIP)은 서지정보유통지원시스템 홈페이지
(http://seoji.nl.go.kr)와 국가자료공동목록시스템(http://www.nl.go.kr/kolisnet)에서
이용하실 수 있습니다. (CIP제어번호: CIP2016020225)